共通テスト

新課程 攻略問題集

歴史総合、
世界史探究

教学社

はじめに

『共通テスト新課程攻略問題集』刊行に寄せて

　本書は，2025 年 1 月以降に「大学入学共通テスト」（以下，共通テスト）を受験する人のための，基礎からわかる，対策問題集です。

　2025 年度の入試から新課程入試が始まります。共通テストにおいても，教科・科目が再編成されますが，2022 年に高校に進学した人は，1 年生のうちから既に新課程で学んでいますので，まずは普段の学習を基本にしましょう。

　新課程の共通テストで特に重視されるのは，「思考力」です。単に知識があるかどうかではなく，知識を使って考えることができるかどうかが問われます。また，学習の過程を意識した身近な場面設定が多く見られ，複数の資料を読み取るなどの特徴もあります。とは言え，これらの特徴は，2021 年度からの共通テストや，その前身の大学入試センター試験（以下，センター試験）の出題の傾向を引き継ぐ形です。

　そこで本書では，必要以上にテストの変化にたじろぐことなく，落ち着いて新課程の対策が始められるよう，大学入試センターから公表された資料等を詳細に分析し，対策に最適な問題を精選しています。そして，初歩から実戦レベルまで，効率よく演習できるよう，分類・配列にも工夫を施しています。早速，本書を開いて，今日から対策を始めましょう！

　受験生の皆さんにとって本書が，共通テストへ向けた攻略の着実な一歩となることを願っています。

教学社 編集部

本書の執筆・編集には，大学入試やセンター試験・共通テストを長年研究してこられた山内憲一先生，丹羽敬先生にご協力いただきました。心より御礼申し上げます。

もくじ

※大学入試センターからの公開資料等について，本書では下記のように示しています。
　サンプル問題：［新課程］でのテストに向けて，2021年3月に変更の多い4科目のみで作問の方向性を示すものとして公表されたテストの一部。
　試作問題：［新課程］でのテストに向けて，2022年11月に一部の科目で作問の方向性を示すものとして公表されたテストの全体または一部。
　プレテスト：「センター試験」から「共通テスト」へ変更する際，2017・2018年度に実施された試行調査。
　　→なお，共通テストは2021年度から。それ以前はセンター試験（1990～2020年度）。

※本書に収載している，センター試験・共通テストやそのサンプル問題・試作問題・プレテストに関する〔正解・配点〕は，大学入試センターから公表されたものです。
※共通テストに即した対策ができるよう，一部の演習問題は，大学入試センターの許可を得て，サンプル問題やプレテスト，センター試験・共通テストの過去問をもとに，アレンジしています。

※本書の内容は，2023年6月時点の情報に基づいています。最新情報については，大学入試センターのウェブサイト（https://www.dnc.ac.jp/）等で，必ず確認してください。

本書の特長と使い方

　本書は，2025 年 1 月以降に大学入学共通テストを受験する人のための，重点対策問題集です。新しい学習指導要領（以下，「新課程」）のもと，新科目「歴史総合，世界史探究」を徹底分析するとともに，試験に向けて取り組んでおきたい問題を精選し，対策に即応した解説を付しています。

>>> 本書の収載内容

　本書では，新課程における共通テスト「歴史総合，世界史探究」の問題全体について，共通テスト「世界史 B」を徹底的に比較・分析し，新課程での対策において重要な点を詳しく説明しています（→**分析と対策**）。

>>> 本書の時代区分・地域区分について

　本書は「**16 世紀頃**」と「**第一次世界大戦期（WW Ⅰ 期）**」を区切りとして時代を 3 つに区分しています。それは「16 世紀頃」がグローバル化（世界の一体化）の起点として，「第一次世界大戦期」が現代へとつながる起点として，どちらも歴史の転換期となっているからです。

　また本書は地域的には各時代とも**欧米地域**と**アジア地域**に分けています。共通テスト「世界史 B」は，欧米とアジアからの出題を中心として，地域的に幅広く出題されていました。共通テスト「歴史総合，世界史探究」も同様と考えられるので，あらゆる地域からの出題に対応できるよう，対策をしておきましょう。

>>> 共通テスト対策に最適な問題で思考力を高める

　本書では，**「歴史総合，世界史探究」の試作問題，サンプル問題**に加え，共通テスト対策用の練習問題として，これまでの共通テスト「世界史 B」やプレテスト，センター試験の過去問をアレンジした問題，本書オリジナルの資料読解問題を収載しています。いずれも共通テスト「歴史総合，世界史探究」において求められる「思考力」を養成できる良問となっていますので，これらの問題に取り組み，基本がしっかり身についているかどうかを確認しましょう。

>>> オススメの使い方

　「まとめ」では各時代の欧米地域・アジア地域関連の中から，出題される可能性の高いテーマを選び，重要事項や流れを整理しています。まず，重要事項の内容説明や事項と事項のつながりに細心の注意を払ってください。その上で再度各テーマの「まとめ」全体を見返し，**理解できているか，見落としている部分はないか**，などをチェックしましょう。p. 16 に，チェックリストを用意しているので，日付と採点結果を記入し，苦手の分析に利用してください。

　続く**演習問題**の第 1 章～第 3 章では「**欧米史編**」・「**アジア史編**」・「**東西融合編**」の順で，重要事項の内容や流れに関わる問題を収載しています。各問題の演習を通して，知識の確認，および解法の習得をはかることがねらいです。ついで「**地域史・テーマ史**」（第 4 章）と共通テストを意識した「**資料読解問題**」（第 5 章）を載せています。**共通テスト対策の基礎・土台作りの締めくくりとして，これらの問題にあたってみて**ください。なお，第 5 章の解説では各問題が求める「資質・能力」の種類を明記しています。どのような力が求められるのか，答え合わせの際にぜひ確認してください。正しい理解に至ることが弱点克服となります。

✔ 第 5 章の工夫①　各問題が求める「資質・能力」の種類をタグとして付けています。それにより解答に必要な「資質・能力」を意識してもらうことがねらいです。

> | 知　識 | ：単純な知識（歴史事象の名称，年代も含めた事象の内容，他の事象との共通性や差異，これらについての理解）を求める問題 |
> | 背景推察 | ：歴史事象（歴史的出来事）の背景にある因果関係（推移や変化，および事象相互のつながり）を求める問題 |
> | 資料読解 | ：地図やグラフなど資料の読解（設問に沿った「読み取り」と，「読み取った情報の活用」）を求める問題 |

✔ 第 5 章の工夫②　解説では，正解を導くための着眼点や考え方を示しています。
　問題を解く際は，設問の条件に沿って真正面から「思考」し，正解を導くパターン（**正攻法**）と選択肢から明らかに誤りとわかる選択肢を「除外」し，正解を絞り込むパターン（**消去法**）があります。この 2 つのパターンを併用すれば，いかなる問題にも対応でき，かつケアレスミスを防ぐこともできます。このことを理解し，2 つの解法パターンの併用を可能にすること，これがねらいです。

　演習問題を終えたら，共通テスト対策の総仕上げとして，巻末に用意した**実戦問題**に取りかかりましょう。「歴史総合，世界史探究」の試作問題の問題・解答をすべてそのまま収載していますので，本番形式でのチャレンジに最適です。各設問については詳細な解説をつけていますので，解説も読んで，知識や解法を再確認しましょう。そうすることで，共通テストで求められる「思考力」を高めていけるはずです。

　本書は学習進度にあわせて演習問題にあたることができるようになっています。一通り世界史学習を終えている受験生は最初のページから突き進んでいけばよいでしょう。一方，学習途中の受験生は自分の進度にあわせ，「16世紀」まで終われば第1章を，ついで「第一次世界大戦」まで終われば第2章を，というように進めていき，一通り全時代の学習が終われば，「地域史・テーマ史」と「資料読解問題」にあたるという形がよいでしょう。どちらにせよ，本書を利用した学習過程の中で，共通テスト対策として求められる「資質・能力」を理解し，それを体得できるはずです。

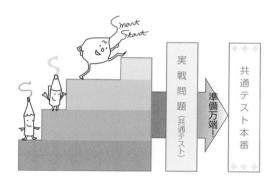

山内先生から，受験生の皆さんへ
― 応援メッセージ ―

　世界史に加えて日本近現代史が，知識に加えて読解力・思考力が必要と聞くと，課題が多く感じるでしょう。この不安を解消し，無理のない学習を続けてほしいという思いが本書作成の底流になっています。「歴史は常に書き替えられる」と言われますが，共通テストで求められていることは変わりません。だからこそ，攻略法を提示できるのです。問題演習を積み重ね，必要な知識や解法を身につけ，「歴史総合，世界史探究」を武器・得点源としましょう。

分析と対策

■ 新科目「歴史総合，世界史探究」とは

　共通テスト世界史は，一体どのような試験なのでしょうか。そして，その試験に対してどのような対策をすればよいのでしょうか。ここでは，共通テスト本試験の問題分析を通して，本番までの学習の方針を示します。

　また，2025 年度試験では新課程への移行が予定されています。科目名も現行の「世界史Ａ」「世界史Ｂ」から「歴史総合，世界史探究」へと変わります。これに伴って試験の内容や学習方針にどのような影響が出るかという点も，2022 年に公表された試作問題を分析しながら解説していきます。

■ 試験時間・配点

　試作問題は，これまでの共通テスト「世界史Ｂ」と同様，試験時間は 60 分で，配点は 100 点に設定されています。配点のうち，25 点分は「歴史総合」からの出題となっており，**出題の約 4 分の 1 は「歴史総合」が占める**と予想されます。

■ 解答形式・大問構成

　解答形式は，試作問題も共通テスト同様，全問マークシートによる選択法です。

　試作問題は大問 5 題で，総設問数は 32 問でした。33〜34 問だった共通テストとほぼ同じと言えます。なお，試作問題では，大問のうち，第 1 問が「歴史総合」，第 2 〜第 5 問が「世界史探究」からの出題となっていました。**顕著な変化は，問題頁数が共通テストの 28〜32 頁に対して，試作問題は 40 頁と大幅に増加したことです。**これは，主題学習や発表・レポート作成など，学びの現場を意識した設定の出題が多いことによります。ただし，大学入試センターも「本試作問題の作成を踏まえつつ，引き続き検討する」としているように，実際の出題では試験時間 60 分に見合った問題頁数になるものと予想されます。

	試作問題	2023 年度	2022 年度	2021 年度 第 1 日程	2021 年度 第 2 日程
問題頁数	40 頁	32 頁	28 頁	30 頁	30 頁
大問数	5 題	5 題	5 題	5 題	5 題
設問数 （解答個数）	32 問 (33 個)	34 問 (34 個)	34 問 (34 個)	34 問 (34 個)	33 問 (33 個)

各試験とも試験時間 60 分，100 点満点

■ 出題形式・出題内容

◆ 出題地域・時代

地域…資料問題が多いことから，西欧や北米，中国，西アジア，そして日本からの出題が主となりますが，東欧やアフリカ，モンゴル，オセアニアなど周辺地域も問われています。対策としては，日本も含めて**未学習の地域を残さない**ことはもちろん，**同時代の地域間のつながりを意識する**ことが挙げられます。

時代…基本的にはあらゆる時代から出題されていますが，「歴史総合」の範囲でもある**近現代からの出題が比較的多め**です。また，通史的な問題が出題される一方，資料の読み取りを必要とする問題が出題されることから，特定の時代に絞った出題も見られます。対策としては，**歴史的出来事が「いつ頃の出来事か（何世紀か，どの王朝かなど）」を常に意識する**ことが挙げられます。なお，資料の点から見ると，前近代では歴史書や碑文などの文献史料，近現代では条約・宣言などの文献史料やグラフ・表を利用した問題が多くなっている点に注意しましょう。

◆ 組合せ問題に注意！

　試作問題では，出題の中心は**組合せ問題**となっています。内容としては，1 つの設問が 2 つの問いから構成され，各問いの正解（正しい語句や正文）の組合せを選択させるものが多く見られます。これは「歴史総合，世界史探究」の出題形式の特徴と言えるでしょう。共通テスト「世界史 B」にも見られた，4 つの選択肢から最も適当なものを一つ選ぶ**正文選択パターン**の問題も引きつづき多く出されています。その一方で，**年代配列問題**も数問出題されており，**年代対策**は軽視できません。

◆出題形式の比較

出題形式	試作問題	2023 年度	2022 年度	2021 年度 第 1 日程	2021 年度 第 2 日程
正文選択パターン	11	18	22	10	20
誤文選択パターン	0	0	0	3	2
組合せ問題	17	11	12	16	10
空所補充	3	4	0	2	0
年代配列問題	2	1	0	3	1

(各試験とも小問単位でカウント)

◆ 会話文や資料の読解が不可欠！

　試作問題やこれまでに実施された共通テストでは**会話文**や**資料**が多用され，かつそれらの「読み取り」が解答の上で不可欠となっています。「読み取り」が要求される分，難度が高い印象を与えます。しかし，手がかりとなる情報の「読み取り」さえできれば，逆に解答は容易という問題も多く，今後も**資料問題対策の有無・充実度**が共通テスト攻略の決め手の一つになると思われます。

◆資料問題出題数の比較

	試作問題	2023 年度	2022 年度	2021 年度 第 1 日程	2021 年度 第 2 日程
地図問題	6	1	3	1	4
グラフ・表の問題	3	4	1	2	3
年表問題	1	0	0	0	0
写真・絵・図版の問題	5	4	2	1	3
史料問題	7	10	6	14	8

🔲 必見！「歴史総合」の問題と解き方

　試作問題では，第1問が「歴史総合」から出題されました。100点満点中25点の配点で，決してあなどれません。

　「歴史総合」は，従来の日本史と世界史という枠組みを取りはらい，**近現代における世界と日本の歴史，および両者の関わり合い**を学ぶ新科目ですが，実際にどのような問題が出題され，どれくらい日本史の知識が問われるのでしょうか。また，解き方のコツはあるのでしょうか。新課程へむけて作成されたサンプル問題と試作問題の分析から見えてきたことをお伝えします。

❖ 問題の特徴

　サンプル問題は，20世紀後半の東西冷戦と，19世紀〜20世紀前半の世界の諸地域における近代化の過程をテーマとした出題でした。また，試作問題では，19世紀のアジアと欧米との接触，第一次世界大戦などの戦争時における他者イメージ，1970年に開催された大阪万博について取り上げられました。

　探究活動を重視する科目の特性を反映して，**主題学習の設定がとられ，資料が多用されています**。設問に応じて資料から**必要な情報を的確かつ迅速に読み解く力**が試されており，資料の読み取りにとまどったり，判断に迷ったりすると，時間不足になりかねません。

　一方で，必要とされる歴史用語・事象の知識・理解は，探究科目ほど多くはありません。むしろ，近代以降の世界と日本との結びつきについて，**時代ごとの特色や変化，様々な立場からの見方，考え方**をつかめているかが問われています。

　また，サンプル問題・試作問題ともに，大問の最後には，大問全体を踏まえる形で，今後探究すべき課題と，そのために必要な資料を考察させる設問が見られました。

❖ 解き方のコツ

　「歴史総合」だからと言って，特別な解き方は不要です。どういうテーマであろうと，設問レベルでは**各時代の基本的な動向・推移**や**21世紀の現在との関連・つながり**が，**地域間の交流・対立や比較**も組み込みながら問われるはずです。時代ごとに教科書に記された重要事項の内容や相互関連を，年代にも注意しつつ，理解していけば「知識」としては十分です。その上で，資料を「読み取り」，「知識」と融合させる「思考力」，設問要求に沿った選択肢を選ぶ「判断力・推察力」を習得しましょう。そのためには**教科書の精読**と，出題傾向に合わせた**問題演習**が必要となります。

例題　2022年サンプル問題・改

　生徒の豊田さんは，先生が示した**資料**を基に追究し，分かったことを次の**メモ**にまとめた。**メモ**中の空欄　ア　に入れる語句あ～うと，空欄　イ　に入れる文X・Yとの組合せとして正しいものを，後の①～⑥のうちから一つ選べ。

資料　第二次世界大戦以後に国家が関与した武力紛争による地域別の死者数

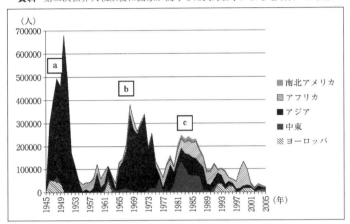

(Peace Research Institute Oslo，The Battle Deaths Dataset version 2.0，Yearly Total Battle Deaths より作成)

メ　モ

　資料中，　ア　における死者数の多くは，ある地域の紛争に対し，アメリカ合衆国が北爆によって本格的な軍事介入を始めた戦争によるものと思われる。この戦争で，米ソは直接衝突していない。また，この戦争は日本にも影響を及ぼし，　イ　。

　ア　に入れる語句

あ　aの時期のアジア　　　　い　bの時期のアジア　　　う　cの時期の中東

　イ　に入れる文

X　国内でこの戦争に反対する運動が広がる一方，米軍基地の継続使用を条件として，沖縄の施政権がアメリカ合衆国から返還された

Y　国際貢献に対する国内外の議論の高まりを受けて，国連平和維持活動等協力法（PKO協力法）が成立した

　　① ア－あ　　イ－X　　　　② ア－あ　　イ－Y
　　③ ア－い　　イ－X　　　　④ ア－い　　イ－Y
　　⑤ ア－う　　イ－X　　　　⑥ ア－う　　イ－Y

　メモ中の「北爆」から，「戦争」とは**ベトナム戦争**とわかり，1965年に北爆を開始し，1973年に撤退しますから，空欄**ア**は**い**が該当します。また，空欄**イ**は，沖縄返還が1972年，国連平和維持活動等協力法（PKO協力法）の成立が1992年なので，**X**が適切と判断できます。このように年代把握も含めた**「知識」**こそが共通テスト攻略の基礎・土台となります。

■ 共通テストに向けた対策

　以下では，読解力が要求され，資料が多用される**共通テストの攻略ポイント**を示します。

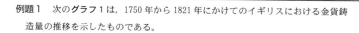

攻略ポイント1
資料から必要情報を読み取る　2021年度（第1日程）より抜粋

> **例題1**　次の**グラフ1**は，1750年から1821年にかけてのイギリスにおける金貨鋳造量の推移を示したものである。
>
> **グラフ1**　　　　　　　　　　　　　　　　　　　　　　（単位：万ポンド）
>
>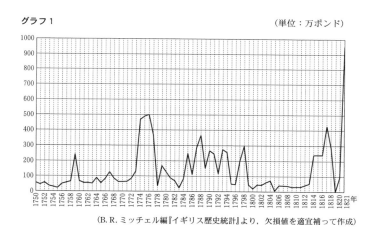
>
> （B. R. ミッチェル編『イギリス歴史統計』より，欠損値を適宜補って作成）
>
> **問**　上の**グラフ1**を見て，金貨鋳造量が急増し，初めて500万ポンドに達する前に起こった出来事について述べた文として正しいものを，次の①〜④のうちから一つ選べ。
>
> ①　イダルゴの蜂起を経て，メキシコがスペインから独立した。
> ②　茶法制定への抗議として，ボストン茶会事件が起こった。
> ③　ロシアとカージャール朝との間で，トルコマンチャーイ条約が結ばれた。
> ④　アレクサンドル1世の提唱によって，神聖同盟が結成された。

　これは資料問題の典型的な出題パターンです。文献史料なら引用文で述べられている内容から，グラフや表なら設問が指定する箇所の数値や割合から，写真や絵なら描かれている場面から，それぞれが意味するものを導き出すこと（「読み取り」）が求められます（例題1なら，初めて500万ポンドに達する年（1776年）→「ボストン茶会事件（1773年）」）。これが解答への手がかり（糸口）となります。

攻略ポイント2
地図の理解（事象の空間的把握）　2021年度（第1日程）より抜粋

例題2　次の資料は，19世紀にヨーロッパで締結された条約の内容の一部である。
（引用文には，省略したり，改めたりしたところがある。）

資　料

第1条　　ア　　は，スルタン陛下の主権のもとに貢税義務のある自治公国
に組織される。それは，キリスト教の政府と国民軍を保持する。

第13条　バルカン半島南部に，東ルメリアと称し，行政的自治を条件とし
て，スルタン陛下の直接の政治的，軍事的支配のもとにおかれる一州が形成
される。それは，キリスト教徒の知事を保持する。

第43条　締約国は，ルーマニアの独立を承認する。

第44条　すべての国の国民は，商人であると否とにかかわらず，ルーマニ
アにおいては宗教の別なく完全に平等な取り扱いを受ける。

歴史学研究会編『世界史史料6』岩波書店

問　次の図中の**a～d**のうち，上の**資料**中の空欄　　ア　　に入れる地域の位置を示
したものとして正しいものを，下の①～④のうちから一つ選べ。

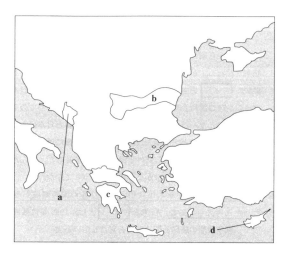

①　a　　　　　　②　b　　　　　　③　c　　　　　　④　d

　この問題では提示された条約の名称がわかっていることが大前提となります。資料の条約が**ベルリン条約**とわかれば，空欄**ア**は「自治公国に組織」から**ブルガリア**と確定できます。ついでブルガリアは黒海に面するため，バルカン半島の東部に位置するとわかれば，正解は②bと判断できます。学習の際，重要な場所（都市，河川，戦場，紛争地，割譲地など）は，**常に地図上での位置確認をし，地理的に把握する作業**（例えば，アフリカの東岸か西岸か，長江の下流域か上流域かなどの理解）が大切です。

📖 攻略ポイント3
問題演習の積み重ね

　共通テスト対策における**問題演習の重要性**を意識しておきましょう。基本的な知識の確認と資料の読解，および資料から「読み取った」情報と知識を関連させて解答を導く手法（正攻法）の体得には問題演習が不可欠です。さらに正攻法で解答に迷った場合や，ケアレスミスを防ぐには，**消去法**というテクニックが有効です。消去法の習得にも問題演習は最適です。また，60分という限られた時間の中で解答するには時間配分も大切となります。普段から時間を決めた上で問題演習を繰り返し，自分なりの解答ペースを探りましょう。

■ 過去問の上手な利用法

　本書の問題演習が終わった後，共通テストやセンター試験の過去問に是非とりかかりましょう。実際に過去問を解いてみると，意外と解けない問題があり，**学習の詰めが甘かったところや苦手な時代・地域に気付くことができます**。幅広い時代・地域から満遍なく出題されているこれらの試験は，**学習の総仕上げ**にはもってこいです。

　ミスした箇所，迷った箇所は解説や教科書・用語集・資料集で調べ，知識に加えていってください。こうした地道な作業の積み重ねによって，共通テスト攻略に必要な力を獲得できるはずです。

　なお，センター試験過去問にあたる際には，単に設問を解くだけでなく，**リード文のA・B・Cも読んでみましょう**。共通テストとは異なり，センター試験ではリード文と設問が関係しない場合も多く，そのためリード文は軽視されがちでしたが，**このリード文を世界史の読み物としてみると，歴史理解の参考になる優れた内容が多いです**。加えて，テーマ自体が共通テストの「読み取り」を求めるリード文（ないし設問文）の理解に役立つ可能性もあると思います。さらに，センター試験で掲載された絵画や写真などに目を通しておくことも，資料集の絵画や写真同様，歴史に関する知識を蓄えるという点で意義があります。よって，資料問題対策としても，センター試験過去問を有効に活用することができるでしょう。

チェックリスト

トライした日付と採点結果を書こう！
問題は解きっぱなしではなく必ず答え合わせをすること。そして自分が苦手な時代・地域，出題形式の分析をして，対策に役立てよう。

	1回め		2回め	
	日付	正解数	日付	正解数
第1章　16世紀頃までの世界史	／	／13	／	／13
第2章　16世紀頃〜WWⅠ期	／	／14	／	／14
第3章　WWⅠ期以降	／	／14	／	／14
第4章　地域史・テーマ史	／	／8	／	／8
第5章　資料読解問題	／	／38	／	／38
実戦問題	／	／100	／	／100

TO DO

☐

☐

☐

☐

☐

☐

☐

☐

MEMO

時代別の

演　　習

第1章　16世紀頃までの世界史　　まとめ

■ 欧米史編

☐ 古代アテネ民主政の展開と終焉

前6世紀：ソロンの改革（財産政治の実施），ペイシストラトスの僭主政治，クレイステネスの改革（陶片追放の制定）を経て民主政の基礎確立。

前5世紀：ペルシア戦争（前500～前449年）でギリシアに侵攻したペルシア軍を撃退後，デロス同盟の盟主へ，民主政の完成（ペリクレス時代）→ペロポネソス戦争（前431～前404年）中に**衆愚政治**に陥り，スパルタに降伏。

前4世紀：カイロネイアの戦い（前338年）でマケドニア王フィリッポス2世に敗北し，マケドニアの支配下へ。

☐ 古代ローマ史の政体と対外情勢

	国内情勢・社会経済	対外情勢
王政期	エトルリア人の王の支配 →前6C末に王を追放し，共和政へ移行	
共和政前半期	護民官設置（前494），十二表法制定（前450頃），リキニウス・セクスティウス法制定（前367），ホルテンシウス法制定（前287） →貴族と平民は法的に平等となり，両者間の**身分闘争**が終結	イタリア半島統一
共和政後半期	社会の変化：有力者への土地集中からラティフンディア発展，中小農民の没落，貧富の差拡大 →グラックス兄弟（護民官）の改革→改革挫折，「内乱の1世紀」に突入 ・同盟市戦争，マリウスとスラの抗争，スパルタクスの反乱 ・第1回三頭政治→カエサルの独裁へ ・第2回三頭政治→オクタウィアヌスが権力を掌握し内乱平定	ポエニ戦争などで属州の拡大 ↓ 地中海世界統一
帝政前半（元首政）期	アウグストゥス～五賢帝時代：「ローマの平和（パクス=ロマーナ）」 カラカラ帝：帝国内の全自由人にローマ市民権を付与（212） 軍人皇帝時代（235～284）：帝国分裂の危機	トラヤヌス帝期に領土最大 ササン朝など侵入

帝政後半（専制君主政）期	ディオクレティアヌス帝：四帝分治制導入（293），キリスト教徒大迫害開始（303） コンスタンティヌス帝：帝国再統一，ミラノ勅令でキリスト教公認（313），ニケーア公会議開催（325），ビザンティウム遷都（330） テオドシウス帝：キリスト教国教化（392），死後にローマ帝国が東西分裂（395）	ゲルマン人の大移動開始

☐　フランク王国の成立・発展と分裂

クローヴィス：フランク王国（メロヴィング朝）の創始者，496年アタナシウス派に改宗。

ピピン：フランク王国（カロリング朝）の創始者，756年北イタリアのランゴバルド王国を攻撃し，奪ったラヴェンナ地方を教皇へ寄進。

カール大帝：フランク王国（カロリング朝）最盛期の王，ランゴバルド王国征服・アヴァール人撃退などで西欧の主要部分統一，カロリング=ルネサンス（イギリス出身の神学者アルクイン活躍），800年教皇レオ3世より戴冠。

⇒カール大帝死後，相続争いが勃発。843年ヴェルダン条約，870年メルセン条約でフランク王国は三分された（ドイツ・フランス・イタリアの基礎成立）。

☐　中世ロシアの国家

国　　名	動　　　　向
ノヴゴロド国	リューリクに率いられたノルマン人が建国（862）
キエフ公国	・リューリクの後継者が南下→キエフを占領して建国（9C） ・ウラディミル1世がギリシア正教に改宗・国教化（10C末）
キプチャク=ハン国	モンゴル人国家でロシア支配を開始（1243）→「タタールのくびき」
モスクワ大公国	・イヴァン3世が「タタールのくびき」から脱出（1480） ・イヴァン4世がツァーリを正式の称号として採用（1547）

☐　中世ヨーロッパにおける農業・農民の状況

10世紀頃〜：荘園制（農奴制）の発展

11・12世紀頃〜：農業技術の進歩に伴う農民の経済力向上

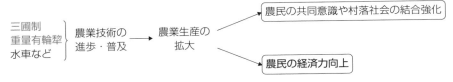

14〜15世紀：農奴解放と封建反動

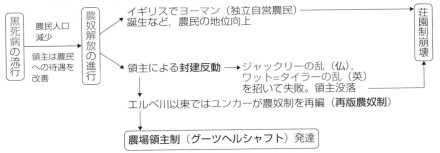

☐　中世ヨーロッパにおける教皇権の変遷

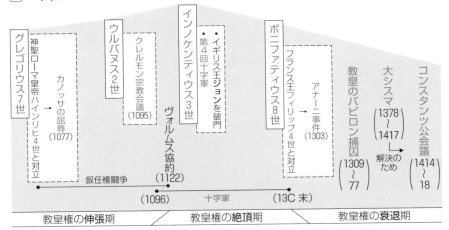

■ アジア史編

☐ 前近代インドの王朝の推移

統一王朝時代	マウリヤ朝（前4～前2C）：建国者チャンドラグプタ　都パータリプトラ ・インド最初の統一王朝，アショーカ王は南部を除くインド統一，仏教に帰依	
	クシャーナ朝（1～3C）：都プルシャプラ ・西北インドの王朝，**カニシカ王**時代が最盛期，カニシカ王は仏教保護 ・ガンダーラ美術発達	サータヴァーハナ朝（前1～後3C） ・**南インド**（デカン地方）の王朝 ・ローマ帝国（「ローマの平和」期）との**季節風貿易**で繁栄
	グプタ朝（4～6C）：**チャンドラグプタ2世**時代が最盛期　都パータリプトラ ・北インドの王朝，純インド的な仏教美術発達，**法顕**（東晋）来訪	
	ヴァルダナ朝（7C）：建国者ハルシャ王　都カナウジ ・古代北インド最後の統一王朝，**玄奘**（唐）来訪 →ヴァルダナ朝滅亡（7C半ば）後の北インドは分裂時代へ，**義浄**（唐）来訪	
11～12C	アフガニスタンのイスラーム王朝（ガズナ朝，ついでゴール朝）が北インド侵入 →**イスラーム化が進行**	
13C	奴隷王朝：建国者アイバク　都デリー　インド最初のイスラーム王朝 →北インドは**デリー=スルタン朝**の時代（1206～1526）が続く ※南インドには**ヒンドゥー王国**として**ヴィジャヤナガル王国**成立（1336）	
16C	バーブルがデリー=スルタン朝最後のロディー朝を倒して**ムガル帝国**建国（1526）	

☐ 前近代中国の税制史

租庸調制：**北魏**で始まった均田制（土地制度）に基づく税制。北朝を経て**隋**に継承され，唐では均田制や府兵制とともに律令体制の土台となった。

両税法：**唐代後半**に採用。所有している土地資産に応じ夏・秋の2回課税する税制。

一条鞭法：各種の税（土地税，人頭税）や徭役（労役）を一括して**銀納**させる**明代**の税制。16世紀後半の**日本銀とメキシコ銀**の大量流入を背景に導入，張居正（万暦帝（神宗）初期の首席内閣大学士）の改革により普及。

地丁銀制：人頭税（丁税）を土地税に一本化し**銀納**させる制度。清の雍正帝期に全国で実施された（18世紀前半）。

☐ 前近代中国の官吏任用制度史

前漢：武帝が**郷挙里選**を制定→漢代を通じて実施。

魏：**九品中正**開始→**魏晋南北朝期**を通じて実施，有力豪族の上級官職独占を招く。

隋：楊堅（文帝）が**科挙**創始→唐へ継承され，『五経正義』が科挙のテキストに。

宋：趙匡胤（太祖）は科挙に**殿試**を創設→科挙出身の高級官僚（**士大夫**）形成。

元：上級官職はモンゴル人がほぼ独占・世襲したため，**科挙は一時停止**。

明：科挙の発展→科挙により地方社会の有力者（郷紳）出現。

清：漢民族への**懐柔策**として科挙実施→1905年，**光緒新政**の一環として廃止。

☐　前近代中国の農業史

春秋戦国時代：**鉄製農具や牛耕（牛耕農法）**の普及により農業生産力向上。

宋：**長江下流域（江南）**で新田の造成が進み，また**占城稲**が普及→中国の穀倉地帯
　　へ（「**蘇湖（江浙）熟すれば天下足る**」）。

明：長江下流域で綿花や桑の栽培が普及→**長江中流域**の開発が進み，明末には新た
　　な穀倉地帯へ（「**湖広熟すれば天下足る**」）。

清：17世紀頃から華北で**トウモロコシ**，江南で**サツマイモ**の栽培普及（18世紀の
　　人口急増の要因）。

☐　北方民族・国家の推移と中国王朝

匈奴：**冒頓単于**が前漢の高祖を破る（前2世紀初頭）→前漢の**武帝**の攻撃を受けて
　　　衰退（前2世紀後半）。東西分裂（前1世紀半ば），南北分裂（1世紀半ば）。

鮮卑：三国時代頃から華北へ移住。晋末の**八王の乱**では**五胡**の一つとして活躍。北
　　　魏建国（386年），華北統一（439年）。

柔然（モンゴル系）：建国（4世紀）。5世紀〜6世紀半ばモンゴル高原を支配し，
　　　北魏と対立。6世紀半ばに**突厥**により滅亡。

突厥（トルコ系）：建国（6世紀半ば）。6世紀半ば過ぎイランのササン朝（ホスロ
　　　ー1世）と結んで中央アジアの**エフタル打倒**，6世紀末に隋の政策で東西に分裂。

ウイグル（トルコ系）：建国（8世紀半ば）。**安史の乱**では**唐を支援**，**キルギス**（ト
　　　ルコ系）の侵入により四散（840年）。

遼（契丹）：**耶律阿保機**が建国（916年）。後晋の建国を援助した代償に燕雲十六州
　　　を獲得，宋（北宋）と**澶淵の盟**を締結（1004年），金の攻撃で滅亡（1125年）。

オイラト（モンゴル系）：15世紀半ば**エセン=ハン**の下で強盛化，明との間で**土木
　　　の変**を発生させ，北京を一時包囲（1449年）。

韃靼（モンゴル系）：16世紀半ば**アルタン=ハン**の下で強盛化，明の都・**北京を一
　　　時包囲**（1550年），その後は明と和議を締結。

ジュンガル（オイラト系）：17世紀後半から台頭し**清と対立・抗争**→清の乾隆帝に
　　　より滅亡（1758年）。

☐　イスラーム史上の主な都市

バグダード：アッバース朝の首都として建設（762年），ブワイフ朝入城（946年），
　　セルジューク朝入城（1055年），フラグが占領（**アッバース朝の滅亡**：1258年）。

カイロ：ファーティマ朝（チュニジアに建国したシーア派王朝）がエジプトを征服
　　し首都とする（10世紀後半）。**アズハル学院設立**。その後，**アイユーブ朝**
　　（1169〜1250年）・マムルーク朝（1250〜1517年）の首都となる。

サマルカンド：ティムールによってティムール朝の首都となる（1370年）。

イスタンブル：オスマン帝国第7代スルタンのメフメト2世が**ビザンツ帝国を滅ぼ**
　　し首都とする（1453年）。

タブリーズ：フラグが1258年にバグダードを占領し（**アッバース朝滅亡**），イラ
　　ン・イラク方面に建国した**イル=ハン国**（1258〜1353年）の首都。その後，ティ
　　ムール朝の支配を経て，サファヴィー朝（1501〜1736年）の初期の首都となる。

グラナダ：ナスル朝（イベリア半島最後のイスラーム王朝）の首都。アルハンブラ
　　宮殿造営。1492年スペイン王国により陥落（これにより**ナスル朝滅亡**，レコン
　　キスタ完了）。

● 主な都市（首都）の所在地

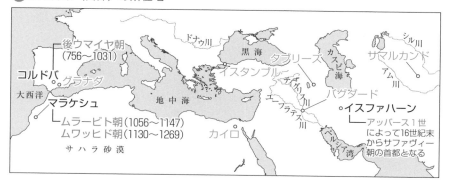

☐　古代中国の歴史書に書かれた日本

・前1世紀頃の日本は倭と呼ばれ，100余国に分かれていた（『漢書』地理志）。

・後漢の**光武帝**が57年に倭の**奴国**の王に印綬を授ける（『後漢書』東夷伝）。

・魏が**邪馬台国**の女王・**卑弥呼**に「親魏倭王」の称号と印綬などを授ける（「魏
　志」倭人伝）。

・5世紀に**倭の五王**が南朝の宋に使いを送る（『宋書』倭国伝）。

第1章　16世紀頃までの世界史　　演習問題

欧米史編

1 古代ギリシアの歴史について述べた文として正しいものを，次の①〜④のうちから一つ選べ。

① アテネでは，市民がペリオイコイやヘイロータイ（ヘロット）を支配した。
② ポリスでは，重装歩兵が軍の主力となるにしたがい，貴族の権力が強化された。
③ テミストクレスが，サラミスの海戦で，アケメネス朝を破った。
④ フィリッポス2世が，カイロネイアの戦いで，スパルタを破った。

〔1990年度本試・2016年度本試　世界史B・改〕

2 前4世紀のローマについて述べた文として正しいものを，次の①〜④のうちから一つ選べ。

① エトルリア人の王を戴いていた。
② 第2回ポエニ戦争を終えたところであった。
③ グラックス兄弟の改革が行われたが失敗した。
④ リキニウス・セクスティウス法が制定された。

〔2002年度本試　世界史B・改〕

3 14世紀初めのヨーロッパでは教皇と君主の新たな対立が生じた。この対立にかかわった君主について述べた文として正しいものを，次の①〜④のうちから一つ選べ。

① ヘンリ2世が，マグナ=カルタ（大憲章）を承認した。
② フィリップ4世は聖職者・貴族・平民の代表者が出席する三部会を初めて開いた。
③ カール5世が，フランス王との間で激しくイタリア戦争を行った。
④ イヴァン4世（雷帝）は，ツァーリを名乗り，専制支配を進めた。

〔2006年度本試　世界史B・改〕

☐
☐ **4** 中世ヨーロッパにおける修道院の活動について述べた文として誤っているもの
を，次の①〜④のうちから一つ選べ。

① ベネディクトゥスは，モンテ=カシノ（モンテ=カッシーノ）に修道院を設立し
た。

② 修道院では，日常生活を信仰に捧げるために，労働は禁止された。

③ 聖職売買などの教会腐敗に対して，クリュニー修道院を中心とする改革運動が
起こった。

④ フランチェスコ修道会は，托鉢修道会の一つで，都市での説教を重視した。

〔1999 年度本試 世界史Ｂ・改〕

☐
☐ **5** 11 世紀以降の西ヨーロッパで農業生産力が飛躍的に向上した要因と，その結
果について述べた文として誤っているものを，次の①〜④のうちから一つ選べ。

① 三圃制の導入により，年に三回播種できるようになった。

② 農具が改良され，有輪犂などの利用が広まった。

③ 森林の開墾や沼地の干拓が進み，耕地が拡大した。

④ 共同の農作業を通じて，村ごとに農民相互の結びつきが強まった。

〔1995 年度本試 世界史Ｂ・改〕

アジア史編

☐
☐ **6** 中国における皇帝の統治体制について述べた文として正しいものを，次の①〜
④のうちから一つ選べ。

① 前漢では，八王の乱平定ののち，中央集権化が進んだ。

② 隋では，楊堅のときに殿試を始めた。

③ 唐は，骨品制と呼ばれる中央官制を敷いた。

④ 北宋の趙匡胤は，文人官僚の登用を促進した。

〔2006 年度本試 世界史Ｂ・改〕

7 遊牧世界と中国の農耕世界のかかわりについて述べた文として正しいものを，次の①〜④のうちから一つ選べ。

① 戦国時代に，五胡と呼ばれる諸民族が，華北に国を建てた。
② 匈奴を挟撃するため，後漢の張騫が西域に派遣された。
③ 突厥は，安史の乱の際，唐に援軍を送り，鎮圧に貢献した。
④ オイラトは，明に侵入して，正統帝を捕らえ，北京を包囲した。

〔2009年度本試　世界史B・改〕

8 イスラーム世界の君主について述べた文として正しいものを，次の①〜④のうちから一つ選べ。

① アイバクが，カージャール朝を創始した。
② イスマーイールは，古代エジプトの君主の称号シャーを採用した。
③ サラディン（サラーフ゠アッディーン）が，イェルサレムを奪回した。
④ バーブルは，デリーのヒンドゥー王朝を倒して建国した。

〔1995年度本試・2016年度本試・2017年度本試　世界史B・改〕

9 12世紀に起こった出来事について述べた文として正しいものを，次の①〜④のうちから一つ選べ。

① イベリア半島では，ナスル朝が滅亡した。
② 日本では，鎌倉幕府が開かれた。
③ タイでは，アユタヤ朝が成立した。
④ 中央アジアでは，ホラズム゠シャー（ホラズム）朝が倒された。

〔2009年度本試　世界史B・改〕

10 ある民族や集団について研究する際に，別の民族や集団が残した記録を史料とする例は少なくない。次の研究あ・いが，その例に当てはまるか当てはまらないかについて述べた文として最も適当なものを，後の①〜④のうちから一つ選べ。

研　究
あ　『三国志』魏書東夷伝倭人条（魏志倭人伝）を用いた，邪馬台国についての研究
い　パスパ文字（パクパ文字）で書かれたフビライの命令文書を用いた，元朝についての研究

① あのみ当てはまる。
② いのみ当てはまる。
③ 両方とも当てはまる。
④ 両方とも当てはまらない。

〔2022 年度本試 世界史Ｂ・改〕

東西融合編

11 8 世紀に世界各地で起こった出来事について述べた文として正しいものを，次の①～④のうちから一つ選べ。

① ピピンは，ランゴバルド王国を滅ぼした。
② オットー 1 世は，マジャール人を撃退した。
③ ハールーン＝アッラシードがカリフに即位した。
④ 唐の太宗の治世は，開元の治と呼ばれた。

〔2009 年度本試 世界史Ｂ・改〕

12 13 世紀の世界各地の情勢について述べた文として正しいものを，次の①～④のうちから一つ選べ。

① ブワイフ朝が，アッバース朝の都バグダードに入城した。
② リトアニアとポーランドが合同し，ヤゲウォ朝が成立した。
③ 宋は，靖康の変の結果，金によって華北を奪われた。
④ マムルーク朝が成立し，十字軍と戦い，撃退した。

〔2008 年度本試 世界史Ｂ・改〕

13 15・16 世紀の世界各地で起こった戦争について述べた文として正しいものを，次の①～④のうちから一つ選べ。

① メフメト 2 世が，コンスタンティノープルを占領した。
② 元（大元ウルス）が，2 回にわたって日本に出兵した。
③ 航海法の制定を機に，第 1 次英蘭戦争が始まった。
④ スウェーデン王グスタフ＝アドルフが，三十年戦争に参戦した。

〔2011 年度本試 世界史Ｂ・改〕

第1章　16世紀頃までの世界史 解答解説

欧米史編

1　正解は③

①誤文。ペリオイコイやヘイロータイ（ヘロット）はスパルタの従属民。スパルタでは市民が半自由民のペリオイコイや隷属農民のヘイロータイを支配した。

②誤文。重装歩兵の主な担い手は平民で，平民からなる重装歩兵が軍の主力となるにしたがい，平民の権利が拡大し，ポリスでは民主化が進んだ。

③正文。サラミスの海戦（前480年）はペルシア戦争中の戦いで，テミストクレス（アテネの将軍・政治家）が指揮するギリシア艦隊がアケメネス朝艦隊を撃破した。海戦後，船の漕ぎ手として活躍した無産市民の地位が上昇した。

④誤文。カイロネイアの戦い（前338年）では，フィリッポス2世率いるマケドニア軍がアテネ・テーベの連合軍を撃破した。

2　正解は④

①時期が誤り。ラテン人の都市国家ローマは初め王政で，前7世紀末頃からエトルリア人の王の支配を受けたが，前6世紀末に王を追放して，共和政へ移行した。

②時期が誤り。ポエニ戦争はローマとカルタゴの3回にわたる戦い。第2回ポエニ戦争ではハンニバルがイタリアに侵入したが，スキピオが最終的に北アフリカのザマの戦い（前202年）でハンニバルを敗北させ，前3世紀末にローマの勝利で終結した。これによりローマは西地中海の覇権を握った。

③時期が誤り。ローマでは前3世紀以降，重装歩兵の担い手であった中小農民の没落が進み，軍事力と共和政の基盤が揺らぐことになった。この危機に対し，前2世紀後半にグラックス兄弟が相次いで護民官に就任し，自作農（中小農民）の創設による軍の再建を目指して改革に着手したが挫折している。

④正文。リキニウス・セクスティウス法は前4世紀前半（前367年）に制定され，貴族が独占していた2名のコンスルのうち1名を平民から選出すること，公有地の占有面積を制限することを定めた。

3　　正解は②

「14世紀初めのヨーロッパ」で起こった「教皇と君主の新たな対立」から，1303年のアナーニ事件を想起したい。

①誤文。**マグナ=カルタ（大憲章）**を承認したのはイギリス（プランタジネット朝）の**ジョン王**で，13世紀初頭（1215年）のこと。ジョン王は教皇**インノケンティウス3世**と対立し，破門されている。このジョン王の父が**ヘンリ2世**で，プランタジネット朝初代国王である。

②正文。**フィリップ4世**はフランス（カペー朝）の王。**聖職者課税問題**で教皇**ボニファティウス8世**と対立したため，14世紀初頭（1302年）に最初の三部会を開き，その支持を得て，翌年教皇をアナーニに捕らえた（**アナーニ事件**）。

③時期が誤り。**カール5世**は神聖ローマ皇帝で，16世紀前半にフランス王フランソワ1世との間で激しく**イタリア戦争**を展開した。なお，この頃，ドイツでは**宗教改革**が起こっていたが，ドイツ宗教改革に対してカール5世は教皇側に立った。

④時期が誤り。**イヴァン4世（雷帝）**は16世紀に在位したロシアの**モスクワ大公**で，**ツァーリ**の称号を正式に用い，専制支配を強化した。

4　　正解は②

①正文。ベネディクトゥスは6世紀前半，イタリアの**モンテ=カシノ（モンテ=カッシーノ）**に西欧最初の修道院を設立した。以後，ベネディクトゥスの定めた戒律に従う修道院が西欧各地に生まれた。これらを総称して**ベネディクト修道会（ベネディクト派修道院）**と呼び，代表的なものには**シトー修道会**などがある。

②誤文。西欧の修道院（大半がベネディクト修道会）はベネディクトゥスが掲げた「**祈り，働け**」をモットーとし，**労働を重視し**，土地の開墾や古典の写本などの作業を労働として行った。

③正文。**クリュニー修道院**はフランス中東部に成立（910年）したベネディクト修道会で，聖職売買などを教会の腐敗として批判し，**教会改革運動**の中心となった。

④正文。**托鉢修道会**は財産を否定し，信者からの喜捨（施し）を拠り所として信仰に生きた修道士の団体で，13世紀初頭に成立した**フランチェスコ修道会**や**ドミニコ修道会**が代表的。都市には異端に走った者が多かったことから，托鉢修道会は**都市での説教活動**を重視した。

5　正解は①

①誤文。「三回」が誤り。**三圃制**は土地を春耕地・秋耕地・休耕地の 3 つに分け，3 年で一巡させる農法で，年に 2 回播種できた。なお，三圃制は 11 世紀頃から普及し，農業生産力向上の要因となった。

②正文。11 世紀頃から西欧では大型農具として，牛馬に引かせる**鉄製の重量有輪犂**が普及した。これも三圃制とともに農業生産力を向上させる要因となった。

③正文。農具の改良などによる農業生産力の向上は，以前よりも多くの広い土地の耕作を可能にした。その結果，特に 12～13 世紀の西欧では**シトー修道会**を中心に森林の開墾や沼地の干拓が進められ，耕地が拡大した。

④正文。村に住む個々の農民は大型の重量有輪犂の使用のために自分の牛馬を提供し合い，また三圃制の実施のために各耕区に混在する自分の土地を一斉に耕作地や休耕地の対象としなければならなかった。その結果，**農作業は共同**となり，この共同作業が村ごとの農民の結びつきを強化した。

アジア史編

6　正解は④

①誤文。前漢では呉楚七国の乱（前 154 年：第 6 代景帝の時代に起こった諸侯王の反乱）鎮圧後に中央集権化が進んだ。なお，**八王の乱**（290～306 年）は晋（西晋）で起こった。

②誤文。隋の**楊堅**（**文帝**）は官吏任用制度として，科挙を創始した。その後，宋（北宋）の趙匡胤（太祖）が科挙を整備し，最終試験として**殿試**を始めた。

③誤文。**骨品制**は朝鮮の新羅で実施された特権的身分制度。唐では中央官制として，三省六部制が敷かれた。

④正文。北宋の**趙匡胤**（**太祖**）は五代十国時代に横行した武断政治の弊害を除くため，**文治主義**を採用し，文人官僚を積極的に登用した。

7　正解は④

①誤文。「戦国時代」が誤り。**五胡**とは匈奴・鮮卑・羯・氐・羌という 5 つの遊牧民族の総称で，魏晋南北朝時代の晋（西晋）で起こった八王の乱の際に兵力として活躍し，その勢いに乗って，4 ～ 5 世紀に華北で諸国を建てた（**五胡十六国**）。

②誤文。「後漢」が誤り。**張騫**は前漢の人物で，前 2 世紀後半，大月氏と同盟して匈奴を挟撃するため，**武帝**の命で西域に派遣された。

③誤文。「突厥」が誤り。8 世紀半ば, 突厥を破ってウイグルがモンゴル高原の覇権を握った。そのウイグルが唐の要請を受け, **安史の乱**（755～763 年）の鎮圧に協力した。

④正文。**オイラト**は 15 世紀半ば, **エセン=ハン**の下で強大となり, 明へ侵入し正統帝を捕らえ（**土木の変**：1449 年）, さらに北京を包囲した。しかし北京を攻略できず, 和議を結び, 正統帝を解放・帰還させた。

ワンポイント　④は韃靼のアルタン=ハンも 16 世紀半ばに北京を包囲したため, これと混同して判定に迷うかもしれないが, ①～③は明らかに誤文と判断できるため, 消去法を使用すれば, 正解は④と確定できる。

8　正解は③

①誤文。**アイバク**はゴール朝の武将で, 北インドに侵入し, 奴隷王朝（デリー=スルタン朝最初の王朝）を樹立した（1206 年）。なお, **カージャール朝**は 18 世紀末のイランに成立したイスラーム王朝で, **アーガー=ムハンマド**が創始した。

②誤文。「古代エジプト」が誤り。**イスマーイール**はサファヴィー朝の創始者で, イラン人の民族意識を高めるため, **イランの伝統的な君主の称号シャー**を採用した（16 世紀前半）。なお, 古代エジプトの王の称号はファラオ。

③正文。**サラディン**（サラーフ=アッディーン）は**アイユーブ朝**の創始者で, 第 1 回十字軍によって占領された聖地イェルサレムを奪回した（1187 年）。

④誤文。「ヒンドゥー王朝」が誤り。**バーブル**はアフガニスタンのカーブルから北インドに侵入し, **デリー**を都としていた**イスラーム王朝**のロディー朝（デリー=スルタン朝最後の王朝）を倒し, ムガル帝国を建国した（1526 年）。

9　正解は②

①時期が誤り。**ナスル朝**はイベリア半島最後のイスラーム王朝で, 15 世紀末（1492 年）に都の**グラナダ**が**スペイン王国**によって占領され滅亡した。

②正文。**鎌倉幕府**は日本最初の武家政権で, 源平合戦（源氏と平氏の争い）を経て, **源頼朝**が 12 世紀末に開いた。

③時期が誤り。**アユタヤ朝**はタイ人の王朝として, 14 世紀半ば（1351 年）にタイの南部に成立した。15 世紀には北部のスコータイ朝を併合している。

④時期が誤り。**ホラズム=シャー**（ホラズム）朝は中央アジアのイスラーム王朝で, 13 世紀前半の 1220 年に**モンゴル帝国**（チンギス=ハン）の侵攻を受けて敗れ, その後 1231 年に滅亡した。

10　正解は①

あ. **邪馬台国**は日本の古代国家で，邪馬台国の記述がある『三国志』は中国で著された歴史書。よって，『三国志』を利用した邪馬台国の研究は「別の民族や集団が残した記録を史料とする」研究の事例に当てはまる。

い. **フビライ**は元の初代皇帝で，元では皇帝の命令文書など公文書には**パスパ文字（パクパ文字）**が使用された。よって，フビライのパスパ文字で書かれた命令文書を利用した元朝の研究は「別の民族や集団が残した記録を史料とする」研究の事例に当てはまらない。

■ 東西融合編

11　正解は③

① 誤文。**ピピン**はフランク王国カロリング朝の創始者で，8 世紀半ば（756 年）に北イタリアのランゴバルド王国から**ラヴェンナ地方を奪い**，この地を教皇に**寄進**した。そして，ピピンの子の**カール大帝**が 8 世紀後半（774 年）にランゴバルド王国を滅ぼした。

② 時期が誤り。**オットー 1 世**は東フランク王国ザクセン朝の王として，10 世紀半ば（955 年）に**マジャール人を撃退**した。この直後の 962 年，オットー 1 世は**教皇からローマ皇帝の帝冠を受けた**（神聖ローマ帝国の成立）。

③ 正文。**ハールーン=アッラシード**（位 786〜809 年）はアッバース朝第 5 代カリフ。8 世紀後半に即位し，王朝の最盛期をもたらした。

④ 誤文。**「開元の治」**は 8 世紀前半で，唐の玄宗（第 6 代皇帝）の治世前半を指す。唐の**太宗**（第 2 代皇帝）の治世は**「貞観の治」**と呼ばれ，時期は 7 世紀前半。

12　正解は④

① 時期が誤り。イラン系シーア派の**ブワイフ朝**は 10 世紀半ば（946 年）にアッバース朝の都バグダードに入城し，カリフから**大アミール**に任じられるとともにイスラーム法を施行する権限を与えられた。

② 時期が誤り。**ヤゲウォ朝**はリトアニア大公ヤゲウォとポーランド女王の結婚により，同君連合王国（リトアニア=ポーランド王国）として 14 世紀後半（1386 年）に成立した。

③ 時期が誤り。**靖康の変**の発生は 12 世紀前半（1126〜27 年）。靖康の変の結果，宋（北宋）は滅亡し（1127 年），華北は金の支配下に入り，江南には**南宋**が成立

した。その後，淮河が金と南宋の国境と画定された。

④正文。**マムルーク朝**は 13 世紀半ば（1250 年）に成立し，第 6 回十字軍と戦って撃退し，さらに 1291 年にはパレスチナ北部の都市**アッコン**を陥落させて十字軍勢力を完全に**エジプト・シリアから駆逐**した。

13　正解は①

①正文。**メフメト 2 世**はオスマン帝国第 7 代スルタンで，15 世紀半ば（1453 年）に**ビザンツ帝国の都コンスタンティノープルを占領**した（ビザンツ帝国の滅亡）。

②時期が誤り。**元（大元ウルス）**の 2 回にわたる日本遠征（元寇）は**フビライ=ハン**の下で，13 世紀後半に行われた（文永の役：1274 年，弘安の役：1281 年）。

③時期が誤り。**航海法**はクロムウェル政権下のイギリスで 17 世紀半ば（1651 年）に制定され，これを機に第 1 次英蘭戦争が勃発した（1652 年）。

④時期が誤り。**三十年戦争**（1618〜48 年）は 17 世紀前半のドイツで起こった宗教戦争で，スウェーデン王**グスタフ=アドルフ**は新教徒側に立って参戦した。

第2章 16世紀頃〜WWⅠ期 まとめ

■ 欧米史編

☐ 宗教改革関連史上の人物

- ルター（ドイツ）：九十五カ条の論題発表（1517年），『キリスト者の自由』刊行，『新約聖書』のドイツ語訳完成。
- ツヴィングリ（スイス）：**チューリヒ**で改革を開始（16世紀前半），カトリックとの戦いで戦死。
- カルヴァン（フランス）：『キリスト教綱要』刊行，予定説を唱えた。ジュネーヴに招かれ改革に着手し，一種の神権政治を実施した（16世紀半ば）。
- ヘンリ8世（イギリス，テューダー朝）：首長法（国王至上法）を発布し（1534年），イギリス国教会を形成。修道院を解散し土地・財産没収。

☐ 絶対主義時代（16〜18世紀）の主な戦争

【宗教戦争】

ユグノー戦争（フランス：1562〜98）

カトリーヌ=ド=メディシス（国王**シャルル9世**の母で摂政）が主導したサンバルテルミの虐殺（1572年）で激化，**ヴァロワ朝**が断絶しアンリ4世の即位でブルボン朝成立（1589年）。アンリ4世はカトリックに改宗。

→ナントの王令（ナントの勅令：1598年）により，国王**アンリ4世**はユグノーにカトリックとほぼ同等の権利を認める。

＊ナントの王令は**ルイ14世**により**廃止**された（1685年）。

オランダ独立戦争（1568〜1609）

フェリペ2世（スペイン）のカトリック強制などに対してネーデルラントの新教徒（ゴイセン）らが反発して勃発。北部7州はユトレヒト同盟を結成し，1581年にネーデルラント連邦共和国（オランダ）の独立を宣言。

→休戦条約（1609年）で事実上独立を達成。

三十年戦争（1618〜48）

旧教国フランスは新教徒側に立って参戦。

→ウェストファリア条約（1648年）で，フランスはアルザスとロレーヌの一部を獲得，スイスとオランダの独立の国際的承認，スウェーデンは西ポンメルン（バルト海南岸の地）を獲得（バルト帝国へ），ドイツでは諸領邦に主権が認められ神聖ローマ帝国は有名無実化。

【18 世紀のヨーロッパにおける戦争】

北方戦争（1700〜21）

ロシア（ピョートル 1 世）・ポーランド・デンマーク対スウェーデン（カール 12 世）。戦争中，ペテルブルクを建設し，遷都（1712 年）。

→ロシアが勝利し，スウェーデンに代わってバルト海の覇権掌握。

スペイン継承戦争（1701〜13〈14〉）

ルイ 14 世（フランス）による侵略戦争。フランス・スペイン対オーストリア・イギリス・オランダ・プロイセン。

→ユトレヒト条約（1713 年）で，イギリスはスペインからジブラルタル・ミノルカ島，フランスからハドソン湾地方などを獲得。将来フランスとスペインが合邦しないことを条件にルイ 14 世の孫のスペイン王位継承を承認。

オーストリア継承戦争（1740〜48）

ハプスブルク家領の継承をめぐる戦争。オーストリア（マリア=テレジア）とプロイセン（フリードリヒ 2 世）の戦い。イギリスはオーストリア側に立って，フランス（ルイ 15 世）はプロイセン側に立って参戦。

→アーヘン条約（1748 年）でマリア=テレジアのハプスブルク家領相続が承認される。プロイセンはオーストリアからシュレジエン獲得。

七年戦争（1756〜63）

シュレジエン奪還を目指したオーストリアとプロイセンの戦い。フランス（ルイ 15 世）は直前にオーストリアと同盟（外交革命）を結び，オーストリア側に立って参戦。イギリスはプロイセン側に立って参戦した。

→オーストリア・プロイセン間ではフベルトゥスブルク条約（1763 年）でプロイセンはシュレジエンを確保。一方，イギリスとフランス間では北米の戦争終結とあわせてパリ条約（1763 年）を結ぶ。

【植民地における英仏間の戦争】

アン女王戦争（1702〜13）

スペイン継承戦争に連動した北米での戦争。ユトレヒト条約（1713 年）で終結。

フレンチ=インディアン戦争（1754〜63）

七年戦争に連動した北米での戦争。パリ条約（1763 年）で終結。

→パリ条約（1763 年）で，イギリスはフランスからカナダ・ミシシッピ川以東のルイジアナ，スペインからフロリダを獲得。北米におけるイギリスの覇権確立。

プラッシーの戦い（1757）

七年戦争に連動した北インドでの戦争。

→イギリスがフランスをインドから駆逐，インドにおけるイギリスの優位確定。

☐　**大西洋革命**

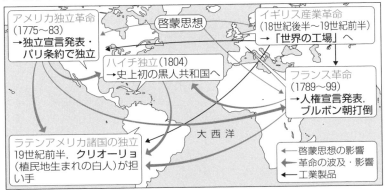

・**イギリス産業革命**（18世紀後半〜19世紀前半）：**資本主義**を確立し，「世界の工場」へ→女性・子供の労働者増加，**ラダイト運動**（機械打ちこわし運動）が展開（1811〜17年）。

・アメリカ独立革命（1775〜83年）：パリ条約でイギリスはアメリカ合衆国の**独立承認**・ミシシッピ川以東のルイジアナ割譲→北米の植民地を失ったイギリスは代わりとして**オーストラリア**を植民地（流刑植民地）化（1788年）。

・フランス革命（1789〜99年）：**ブルボン朝打倒**，人権宣言採択・ギルドの廃止など近代市民社会の原理を明示→フランス領**サン=ドマング**（のちのハイチ）では**トゥサン=ルヴェルチュール**の指導により黒人奴隷の反乱（独立運動）開始。

・ラテンアメリカ諸国の独立（19世紀前半）：ウィーン体制の指導者**メッテルニヒ**（オーストリア）は武力干渉を企てたが，**イギリスは外相カニング**が，アメリカは**モンロー宣言**（相互不干渉の表明）で独立を支持。

☐　**ドイツ帝国宰相ビスマルクの外交**

・**フランス孤立化政策**：1882年三国同盟，1887年ロシアと再保障条約。しかし，**ビスマルク辞職**（1890年），**露仏同盟の成立**（1894年）で孤立化政策は破綻。

・**勢力均衡政策**：サン=ステファノ条約をめぐる列強の対立を調停するため1878年ベルリン会議開催（ベルリン条約締結），ついで**ベルギー国王のコンゴ領有**をめぐる列強の利害を調整するため1884〜85年ベルリン会議開催（アフリカ植民地化の原則確定）。

・**帝国主義政策**：アフリカへ進出し，**カメルーン・東アフリカ**など領有。

☐ 帝国主義政策をめぐる欧米各国の対応

フランス：ファショダ事件（1898 年）の際，イギリスに譲歩。

ドイツ：モロッコ事件（1905 年・1911 年）の際，フランスに譲歩。

アメリカ合衆国：列強による中国分割の際，ジョン=ヘイ（マッキンリー大統領期
の国務長官）の名で門戸開放宣言を提唱（1899 年・1900 年）。

■ アジア史編

☐ イスラーム世界最盛期（16〜17 世紀）の君主

オスマン帝国

・セリム 1 世（第 9 代スルタン，位 1512〜20 年）：**マムルーク朝を滅ぼし（1517
年）エジプト併合，メッカ・メディナの保護権**を獲得。

・スレイマン 1 世（第 10 代スルタン，位 1520〜66 年）：**ハンガリー征服**，第 1 次
ウィーン包囲（1529 年，失敗），神聖ローマ皇帝カール 5 世と**対立**，フランス王
フランソワ 1 世と**同盟**，プレヴェザの海戦でスペイン・ヴェネツィアなどの連合
艦隊に勝利し（1538 年），地中海の制海権掌握。

サファヴィー朝（シーア派）

・アッバース 1 世（第 5 代王（シャー），位 1587〜1629 年）：イスファハーン遷都，
ホルムズ島（ペルシア湾入り口の島）から**ポルトガル勢力駆逐**。

ムガル帝国

・アクバル（第 3 代皇帝，位 1556〜1605 年）：アグラ遷都，**ジズヤ廃止**。

・アウラングゼーブ（第 6 代皇帝，位 1658〜1707 年）：領土最大，**ジズヤ復活**。

☐ 清朝の発展（17〜18 世紀）

皇帝	国内政策	対外政策
第 4 代 康熙帝	・三藩の乱（1673〜81）鎮圧 ・鄭氏平定による台湾領圧で中国統一 ・典礼問題→イエズス会以外の宣教師の布教禁止	ロシア（ピョートル 1 世）とネルチンスク条約締結（1689）→アルグン川と外興安嶺（スタノヴォイ山脈）の国境画定
第 5 代 雍正帝	・キリスト教布教の全面禁止（1724） ・軍機処設置（1729）	ロシアとキャフタ条約締結（1727）→モンゴルとシベリアの国境画定
第 6 代 乾隆帝	・ジュンガル（オイラト系）を滅ぼし（1758），東トルキスタン領有 →「新疆」と命名，理藩院の統轄する藩部とする	・外国船の来航を広州 1 港に制限（1757） ・自由貿易を求めて来訪したマカートニーと会見（イギリス側の要求を拒否する）

☐ 19世紀の列強によるエジプト・アジアへの進出と現地の抵抗

エジプト：イギリス・フランスの進出

・ウラービー（オラービー）の反乱（1881～82年）→イギリス軍により鎮圧され，事実上の保護国化。

オスマン帝国：イギリス・フランス・ロシアの進出

・クリミア戦争（1853～56年）後にイギリス，フランスの内政干渉（改革への要求など）が強まる→ムスリムと非ムスリムの平等・一体化を求めて立憲運動が高揚し，ミドハト憲法制定（1876年）。

・ロシア＝トルコ戦争開戦を理由にミドハト憲法停止（1878年）→憲法の復活を目指して「青年トルコ人」の運動展開（19世紀末～）。

イラン（カージャール朝）：ロシア・イギリスの進出

・ロシアとの国境紛争に敗北→トルコマンチャーイ条約（1828年）。

・ロシアに対抗するイギリスの経済的進出→バーブ教徒の乱（1848年開始）鎮圧後，両国の経済的支配が強まり，タバコ＝ボイコット運動（1891～92年）が展開。

インド：イギリスの進出

・1857年：シパーヒーの乱（インド大反乱）→イギリス軍が鎮圧し，**東インド会社解散。ムガル帝国滅亡**（1858年）。

・1877年：イギリスの植民地として**インド帝国が成立**（皇帝はヴィクトリア女王）。

・1878年：ロシアからイギリス領インドを守るためアフガニスタンへ進出（**第2次アフガン戦争**）→イギリスはアフガニスタンを保護国化（1880年）。

ビルマ：イギリスの進出

・第3次ビルマ戦争でコンバウン朝（アラウンパヤー朝）滅亡（1885年）→1886年ビルマをインド帝国へ併合。

ベトナム（阮朝越南国）：フランスの進出

・**黒旗軍**の抵抗を退け，1883・84年ベトナムを保護国化。その後，1863年に保護国化していたカンボジアとあわせて87年フランス領インドシナ連邦形成→99年ラオス編入。

インドネシア：オランダの進出

・**ジャワ戦争**（1825～30年）→鎮圧後，ジャワ島に強制栽培制度導入（1830年）。

タイ（ラタナコーシン（チャクリ）朝）：イギリス・フランスの緩衝地帯

・ラーマ4世，ラーマ5世の尽力（近代化）で独立を維持。

☐　清朝の衰退・滅亡（19世紀〜20世紀初め）

対外関係	清朝の動向・改革

アヘン密貿易増→林則徐を広州に派遣し取締り強化

| アヘン戦争 | ─┬→南京条約（1842）：**上海**など5港開港，**香港島割譲**，公行廃止など |

1840〜42
　　　望厦条約（1844）：対アメリカ
　　　黄埔条約（1844）：対フランス

| アロー戦争 | ─┬→天津条約（1858）：**キリスト教布教の自由**，
外国公使の北京駐在承認など |

1856〜60
　　北京条約（1860）：天津条約の確認，
　　　　　　　　　　　九竜半島南部割譲など

対ロシア……─　アイグン条約（1858）：黒竜江（**アムール川**）以北をロシア領
　　　　　　　北京条約（1860）：**ウスリー川以東**（沿海州）をロシア領に

| イリ事件 | ─→イリ条約（1881）：ロシアが1871年以降占領していたイリ地方の大半 |

1871〜81
　　　　　　　　　　を回復

　　洋務運動（1860〜94頃）：曾国藩や李鴻章など漢人官僚が推進
　　総理各国事務衙門（総理衙門）：北京に設置（1861），外交を担当

| 清仏戦争 | ─→天津条約（1885）：フランスの**ベトナム保護国化**承認 |

1884〜85

| 日清戦争 | ─→下関条約（1895）：**朝鮮の独立承認**など ────→洋務運動挫折 |

1894〜95
→列強による中国　変法運動展開（1895〜98）：康有為や梁啓超が担い手
　　分割進行　　　戊戌の変法（1898）：光緒帝→戊戌の政変で挫折
　　　　　　　　　　　　　　　　　　→ 義和団の排外運動「扶清滅洋」

| 8カ国共同出兵 | →北京議定書締結（1901）←───── 義和団事件─ |

1900　　　　　**光緒新政**（1901〜）：科挙廃止（1905）←──中国同盟会結成
　　　　　　　　　　　　　　　　　　　　　　　　　　（東京・孫文：1905）
　　　　　　　1912年1月**南京**で中華民国の成立宣言←────辛亥革命（1911）←
　　　　　　　（臨時大総統は孫文）
　　　　　　　1912年2月袁世凱により宣統帝退位（清朝滅亡）

右縦書き：1851　太平天国の乱「滅満興漢」　1864

☐　日清戦争終結後（19世紀末）の日本

- 官営の八幡製鉄所設立（1897年）→中国産の鉄鉱石と国産の石炭を用いて**鉄鋼の国産化**を目指し操業開始（1901年）。
- 綿糸の中国・朝鮮への輸出本格化→1897年には輸出が輸入を上回る。
- 日清戦争の賠償金を利用して金本位制を採用（1897年）。
- 政府の軍備拡張や地租増徴に反対し憲政党成立→1898年，憲政党の**大隈重信**を首相に日本初の政党内閣が成立（4カ月で憲政党分裂，内閣も退陣）。

☐　日露戦争とアジア

- ・日露戦争：アメリカ大統領**セオドア=ローズヴェルト**の調停により 1905 年ポーツマス条約が結ばれ講和→戦後，日本は韓国（朝鮮）と第2次日韓協約を結んで韓国保護国化（1905 年）。それに対して韓国では反日の**義兵闘争**開始。一方，ロシアでは戦争中の 1905 年に血の日曜日事件を契機に第1次ロシア革命開始。革命鎮静化後（対外的には日露戦争終結後），**ストルイピン**が新首相に就任し，**ミール解体**など改革を進めたが挫折。
- ＊日露戦争における日本の勝利がアジア各地に与えた影響
- ・中国：清朝政府は**科挙の廃止**（1905 年）など近代化改革（**光緒新政**）推進，一方，孫文は東京で中国同盟会を結成し（1905 年）革命運動高揚。
- ・インド：国民会議は**カルカッタ大会**（1906 年）で4綱領（英貨排斥・スワラージ・スワデーシ・民族教育）を採択し反英民族運動強化。
- ・ベトナム：ドンズー（東遊）運動生起（1905 年：指導者は**ファン=ボイ=チャウ**）。
- ・イラン：立憲革命生起（1905 年：イギリス・ロシアの干渉で 11 年に挫折）。
- ・オスマン帝国：青年トルコ革命で**ミドハト憲法復活**（1908 年）。青年トルコ革命に乗じて**ブルガリアはオスマン帝国から独立**，オーストリアは**ボスニア・ヘルツェゴヴィナを併合しセルビアと対立**（サライェヴォ事件の背景）。

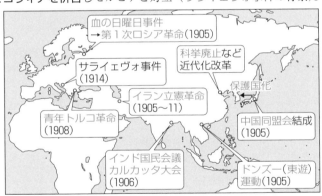

☐　日露戦争と日本

- ・戦争中：ナショナリズムが高揚し戦争支持が広がる一方，**幸徳秋水**ら社会主義者や，キリスト教徒の**内村鑑三**は戦争に反対。
- ・戦争後：講和の内容に不満をもつ都市住民（民衆）の暴動続発（日比谷焼き討ち事件など）。政府は社会主義者への弾圧を強め，大逆事件（1910 年）で幸徳秋水らを処刑。対外的には国際的地位の向上を背景に**関税自主権を回復**し（1911 年），欧米諸国との対等な立場を実現。

第2章　16世紀頃〜WWⅠ期

■ 欧米史編

14 16・17世紀のヨーロッパで活躍した人物に関連して述べた文として誤っているものを，次の①〜④のうちから一つ選べ。

① ネーデルラント出身の人文主義者エラスムスは，『ユートピア』を著し，教会の腐敗を風刺した。

② ルターによる聖書のドイツ語訳は，ドイツ語が深い精神的，内面的表現の可能な言語となることに貢献した。

③ セルバンテスは，『ドン=キホーテ』の中で，騎士的人物の時代錯誤を通して社会を風刺した。

④ フランスのルネサンスを代表する人物であるラブレーは，『ガルガンチュアとパンタグリュエルの物語』により，人間の生活と精神を鋭く観察した。

〔1996年度本試 世界史B・改〕

15 17世紀のヨーロッパの君主について述べた文として正しいものを，次の①〜④のうちから一つ選べ。

① ロマノフ朝のピョートル1世は，ステンカ=ラージンの反乱を鎮圧した。

② ステュアート朝のジェームズ1世は，王権神授説を唱え，議会と対立した。

③ テューダー朝のエリザベス1世は，人民憲章を発布した。

④ ブルボン朝のルイ15世は，宰相リシュリューを登用し，三部会を招集した。

〔2006年度本試 世界史B・改〕

16 19世紀におけるヨーロッパの政治動向について述べた文として正しいものを，次の①〜④のうちから一つ選べ。

① イタリアでは，カヴールらによってローマ共和国が樹立された。

② イギリスでは，審査法の制定によって非国教徒も公職に就けるようになった。

③ フランスでは，ドレフュス事件が起こって，第二帝政は大きく揺さぶられた。

④ ドイツでは，統一を目指して，フランクフルト国民議会が開かれた。

〔2002年度本試 世界史B・改〕

☐
☐ **17** 19・20世紀の農業や農民について述べた文として誤っているものを，次の①
　～④のうちから一つ選べ。

① プロイセンで，シュタイン・ハルデンベルクらの改革によって農民解放（農奴
　解放）が行われた。
② ロシアで，ストルイピンがミール（農村共同体）を保護しようとした。
③ アメリカ合衆国で，ホームステッド法（自営農地法）が制定され，西部開拓が
　促された。
④ イギリスでは，第3回選挙法改正によって，農業労働者に選挙権が与えられた。
〔2011年度本試　世界史B・改〕

☐
☐ **18** 19世紀のヨーロッパにおける社会主義に関係を持った人物について述べた文
　として正しいものを，次の①～④のうちから一つ選べ。

① フーリエらは，ロンドンで第1インターナショナルを結成した。
② ビスマルクは，ドイツ社会主義労働者党の活動を支援した。
③ マルクスが，資本主義経済の構造を分析した『資本論』を著した。
④ プルードンが，フランスの二月革命で成立した臨時政府に入閣した。
〔1998年度本試・2007年度本試　世界史B・改〕

■ **アジア史編**

☐
☐ **19** 清の諸民族に対する政策や支配について述べた文として正しいものを，次の①
　～④のうちから一つ選べ。

① 学問を保護して，漢人の反清思想に対しても寛大であった。
② チベットを藩部として自治を認め，理藩院の管轄下においた。
③ 正規軍である八旗には，漢人の部隊は含まれなかった。
④ 明の官僚制度を廃止し，中央官庁の要職に漢人を採用しなかった。
〔1996年度本試・2003年度本試　世界史B・改〕

☐
☐ **20** 辛亥革命に関連して述べた文として誤っているものを，次の①～④のうちから
　一つ選べ。

① 四川では鉄道国有令に反対して暴動が起こり，清朝政府は鎮圧のために軍隊を
　派遣した。

② 武昌における軍隊の蜂起に呼応して，多くの省が清朝からの独立を宣言した。

③ 北京で孫文を臨時大総統として，中華民国の成立が宣言された。

④ 最後の皇帝である宣統帝溥儀が退位し，清朝は滅んだ。

〔1994 年度本試　世界史Ｂ・改〕

21 16 世紀後半から 17 世紀前半までの東南アジアについて述べた文として正しいものを，次の①～④のうちから一つ選べ。

① マニラは，スペインの交易拠点であった。

② タウングー（トゥングー）朝が，ベトナムを統一した。

③ マレー半島では，マラッカ王国が海上交易で繁栄していた。

④ スコータイ朝が，日本町を中心に交易で繁栄していた。

〔2007 年度本試・2010 年度本試　世界史Ｂ・改〕

22 19 世紀以降のイスラーム社会における改革の動きについて述べた文として誤っているものを，次の①～④のうちから一つ選べ。

① アフガーニーが，ムスリムの連帯を唱えた。

② イラン立憲革命（立憲運動）は，イギリスとフランスの干渉によって挫折した。

③ ウラービー（オラービー）が，立憲制を求める運動を起こした。

④ オスマン帝国で，ムスリムと非ムスリムの法的平等が認められた。

〔2004 年度本試・2016 年度追試　世界史Ｂ・改〕

23 日露戦争と日本の関わりについて述べた文として正しいものを，次の①～④のうちから一つ選べ。

① 日露戦争中，蔣介石によって中国同盟会が東京で結成された。

② 日露戦争に伴う米不足を原因に，全国で米騒動が起こった。

③ 日露戦争の結果，日本は樺太全島を領有することになった。

④ 日露戦争後，日本は関税自主権の完全回復を実現した。

〔本書オリジナル〕

東西融合編

24 16世紀後半に世界各地で起こった出来事について述べた文として正しいものを，次の①～④のうちから一つ選べ。

① 神聖ローマ皇帝カール4世は，金印勅書を発布した。
② 李成桂は，朝鮮（李朝）を建てた。
③ イギリス国王ヘンリ8世は，修道院を解散し，財産を没収した。
④ 張居正は，首席内閣大学士として，財政の再建をはかった。

〔2009年度本試・2011年度本試　世界史B・改〕

25 18世紀の商業や手工業について述べた次の文aとbの正誤の組合せとして正しいものを，下の①～④のうちから一つ選べ。

a 中国では，公行という商人組合に外国貿易を管理させた。
b フランス革命でギルドが廃止された。

① a一正　　　b一正
② a一正　　　b一誤
③ a一誤　　　b一正
④ a一誤　　　b一誤

〔2010年度本試　世界史B・改〕

26 19世紀の世界各地で起こった出来事について述べた文として正しいものを，次の①～④のうちから一つ選べ。

① ヘーゲルが講演「ドイツ国民に告ぐ」で，愛国心の高揚を訴えた。
② ボンベイで，第1回のインド国民会議が開催された。
③ ブルガリアでは，オーストリア=ハンガリー帝国からの独立運動が起こった。
④ 韓国（大韓帝国）は，日本と日韓協約を締結した。

〔2000年度本試・2012年度本試　世界史B・改〕

第
2
章

27 世界史班別学習で，エレーナさんの班では，16世紀から20世紀前半の人口移動に関心を持ち，その傾向を示した下の図を見ながら議論した。メンバーの発言の正誤について述べた文として適当なものを，下の①～④のうちから一つ選べ。

伸　之：インドからあちこちに移民が出ている。移民が増えたのは，19世紀にイギリスで奴隷貿易が廃止された後の労働力として，需要が高まったからだよ。

エレーナ：東南アジアには，インドだけでなく，中国からも来ている。日本からも，17世紀初期には移民が行っているわね。

ひとみ：インドからはアフリカにも行っているけど，インドとアフリカ東岸の交流は，ヴァスコ＝ダ＝ガマのインド航路開拓によって始まったのね。

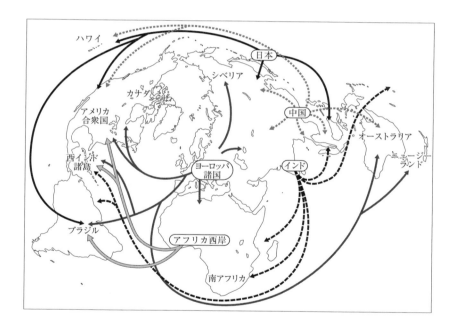

①　伸之が誤っている。 　　　②　エレーナが誤っている。

③　ひとみが誤っている。 　　　④　全員正しい。

〔第1回プレテスト・改〕

第2章　16世紀頃〜WWⅠ期　　解答解説

 欧米史編

14　正解は①

①誤文。「ユートピア」が誤り。ネーデルラント出身の**エラスムス**は**16世紀最大の人文主義者**で，著書『**愚神礼賛**』において教会の腐敗を風刺・批判し，宗教改革に影響を与えた。なお，『**ユートピア**』は16世紀のイギリス=ルネサンスを代表する作家**トマス=モア**の著書。

②正文。**ルター**は16世紀に『**新約聖書**』のドイツ語訳を完成させ，その翻訳を通してドイツ語の表現の幅を広げ，「深い精神的，内面的表現」が可能な近代ドイツ語の形成に貢献した。

③正文。**セルバンテス**は16世紀から17世紀初めに活躍したスペイン=ルネサンスの作家で，社会を風刺した著書『**ドン=キホーテ**』は最初の近代小説と評される。

④正文。**ラブレー**は16世紀のフランス=ルネサンスを代表する作家で，著書『**ガルガンチュアとパンタグリュエルの物語**』において社会や教会を批判した。

15　正解は②

①誤文。ロシアの**ロマノフ朝**では17世紀後半，**ステンカ=ラージンの反乱**（1667〜71年）が起こり，この反乱が鎮圧された後で**ピョートル1世**はツァーリに即位した（1682年）。

②正文。**ジェームズ1世**は17世紀初め（1603年）に成立したイギリス・**ステュアート朝**の初代国王で，**王権神授説**を唱えて，議会を無視した専制政治を行い，議会と対立した。

③誤文。**エリザベス1世**はイギリス・テューダー朝最盛期の女王で，16世紀半ばに**統一法**を発布（1559年）してイギリス国教会を確立した。なお，**人民憲章**はイギリスで展開した労働者の**チャーティスト運動**が掲げた6カ条の政治綱領で，1838年に公表された。

④誤文。**リシュリュー**はフランス・ブルボン朝のルイ13世によって登用された宰相で，1615年に解散された**三部会**を招集せず，王権の強化に努めた。なお，三部会は**ルイ16世**が1789年に再招集するまで開かれなかった。

16　正解は④

①誤文。**ローマ共和国**は 1849 年,「青年イタリア」のマッツィーニらが樹立した。**カヴール**はイタリア統一を進めたサルデーニャ王国の首相。

②誤文。**審査法**は国教徒以外の者を公職に就けないと定めたイギリスの法で, 1673 年に制定された。この法律が 1828 年に廃止され, 非国教徒の公職就任が可能となった。なお, 翌年には**カトリック教徒解放法**が制定されている。

③誤文。**ドレフュス事件**はユダヤ系軍人ドレフュスに対するスパイ容疑事件で, フランス第三共和政期の 1890 年代に起こり, 第三共和政を揺るがした。

④正文。ドイツでは 1848 年の**フランス二月革命**の影響を受けて三月革命が起こり, 同年 5 月にはドイツ統一などを目指して**フランクフルト国民議会**が開かれた。

第2章

17　正解は②

①正文。プロイセンではナポレオン軍に敗北した直後の 1807 年から近代化改革が始まり(プロイセン改革), あいついで首相となった**シュタイン**や**ハルデンベルク**は改革の一環として**農民解放(農奴解放)**を進めた。

②誤文。「保護」が誤り。ロシアでは**日露戦争終結直後**の 1906 年に**ストルイピン**が首相となり, 自作農の創設を目指して**ミール(農村共同体)**を解体した。

③正文。アメリカ合衆国では南北戦争中の 1862 年, **ホームステッド法(自営農地法)**が制定された。これは公有地に 5 年間定住し, 耕作した者には土地を無償で与えるとした法で, 多くの人々が西部に移住し, **西部開拓が促進**された。

④正文。イギリスでは 1867 年の**第 2 回選挙法改正**で都市労働者が, ついで 1884 年の**第 3 回選挙法改正**で農業労働者と鉱山労働者が選挙権を獲得した。

18　正解は③

①誤文。**第 1 インターナショナル**は 1864 年, 労働者の国際組織として**マルクス(ドイツ)**らの指導によりロンドンで結成された。なお, **フーリエ(フランス)**はその思想をマルクスにより**空想的社会主義**とされた初期の社会主義者である。

②誤文。「支援」が誤り。ドイツ帝国宰相ビスマルクは, 1878 年に**社会主義者鎮圧法**を制定し, ドイツ社会主義労働者党を弾圧した。

③正文。**マルクス**は科学的社会主義の創始者で, その著書『**資本論**』において史的唯物論の立場から資本主義経済の構造を理論的に分析した。

④誤文。フランスでは 1848 年の**二月革命**により七月王政が倒れ, 第二共和政となって臨時政府が成立し, この政府には社会主義者の**ルイ=ブラン**が入閣した。な

お，**プルードン**（フランス）は「**無政府主義の父**」とされる社会主義者。

ワンポイント　ビスマルクが 1890 年に辞職し，社会主義者鎮圧法が廃止されると，ドイツ社会主義労働者党はドイツ社会民主党として復活して勢力を伸ばし，第2インターナショナル（1889 年結成）の中心となった。

アジア史編

19　正解は②

①誤文。清は漢人統治のため，**懐柔策**として**学問を保護・奨励**する一方，威圧策として文字の獄や禁書を行い，反清思想を取り締まった。

②正文。清はモンゴル・青海・新疆の他，**チベット**を**藩部**として自治を認め，中央官庁の**理藩院**に管轄させた。

③誤文。**八旗**は清の正規軍で，満州八旗の他，モンゴル人の蒙古八旗，漢人の漢軍八旗があり，この3軍によって構成された。

④誤文。清は明の制度をほぼ**継承**している。また，漢人への懐柔策として満漢併用制を実施したため，漢人も中央官庁の要職に採用された。

ワンポイント　清の正規軍には八旗の他，漢人から編成された緑営もあり，緑営は八旗の補助軍として主に治安維持などを任務とした。

20　正解は③

①正文。清朝政府が 1911 年に**幹線鉄道の国有令**を発布すると，各地で反対運動が起こり，**四川**では**暴動**が発生した。そこで政府は鎮圧のため軍隊を派遣した。

②正文。1911 年 10 月，湖北省の**武昌**にいた軍隊（湖北新軍）の革命派が蜂起すると，蜂起は各省に広がり，多くの省（14 省）が清朝からの独立を宣言した。

③誤文。「**北京**」が誤り。革命派は孫文を臨時大総統に選出し，1912 年 1 月に南京で**中華民国の成立**を宣言した。

④正文。清朝最後の皇帝は**宣統帝溥儀**。この宣統帝が 1912 年 2 月，革命派との交渉で密約を結んだ清朝総理大臣（清朝内閣総理大臣）の**袁世凱**により退位させられ，清朝は滅亡した。

21　正解は①

①正文。**マニラ**はフィリピンを占領した**スペイン**により，1571 年，アジア貿易の拠点として建設された。以後，マニラはスペインの交易拠点として発展した。

②誤文。**タウングー（トゥングー）朝**はビルマ（ミャンマー）の王朝で，16世紀前半にビルマを統一した。なお，「16世紀後半から17世紀前半まで」のベトナムには黎朝があったが，事実上は南北に分裂していた。

③誤文。**マラッカ王国**はマレー半島西南岸のイスラーム王国で，15世紀に海上貿易で栄えたが，16世紀初め（1511年）ポルトガルに征服され滅亡した。

④誤文。**スコータイ朝**はタイ北部において13世紀に成立した王朝で，15世紀にはタイ南部の**アユタヤ朝**に併合され滅亡した。このアユタヤ朝の都アユタヤでは17世紀初めに**日本町**が形成され，日本町を中心に日本などとの海上交易で栄えた。アユタヤ朝は18世紀半ばにビルマの**コンバウン朝**に滅ぼされた。

ワンポイント　江戸幕府は鎖国開始まで朱印船貿易を進めていた。この貿易を通して東南アジア各地の港市に日本町が生まれた。日本町は鎖国政策の徹底化に伴い衰退に向かう。

22　　正解は②

①正文。**アフガーニー**は19世紀のイスラーム思想家・革命家で，パン=イスラーム主義の立場からムスリムの連帯を説き，イスラーム世界各地の民族運動（イランのタバコ=ボイコット運動など）に影響を与えた。

②誤文。「フランス」が誤り。**イラン立憲革命**は日露戦争の影響を受けて起こり（1905年），議会開設や憲法制定を行ったが，イギリスとロシアの干渉により議会が閉鎖，憲法も停止され，立憲革命は挫折した（1911年）。

③正文。**ウラービー（オラービー）**はエジプトの軍人で，19世紀後半（1881〜82年），イギリスの支配に対して「エジプト人のためのエジプト」をスローガンに武装蜂起の形で立憲制を求める運動を展開した。これをウラービーの反乱（ウラービー運動）という。

④正文。オスマン帝国では19世紀前半（1839年），スルタンの**アブデュルメジト1世**がギュルハネ勅令を発布し，「ムスリムと非ムスリムの法的平等」を認めた。

23　　正解は④

①誤文。**中国同盟会**は日露戦争中の1905年，東京で孫文によって結成された。

②誤文。**米騒動**は日本が1918年のシベリア出兵に参加した際，商人が行った米の買い占めによる米不足を原因に発生した。

③誤文。日本は日露戦争の講和条約として調印された**ポーツマス条約**（1905年）により，樺太の南半（南樺太）を領有した。

④正文。日露戦争の勝利により国際的地位を高めた日本は，外相**小村寿太郎**の下，列強と交渉し，1911年に関税自主権を完全に回復した。

■ 東西融合編

24　　正解は④

① 年代が誤り。神聖ローマ皇帝カール4世は14世紀半ば（1356年），皇帝選出権を7人の聖俗諸侯（七選帝侯）に認めた金印勅書を発布した。

② 年代が誤り。李成桂は14世紀末（1392年），朝鮮（李朝，李氏朝鮮）を建国し，漢城を都とした。

③ 年代が誤り。ヘンリ8世はイギリス・テューダー朝第2代国王で，16世紀前半（1534年），首長法（国王至上法）を発布してイギリス国教会を成立させ，また修道院を解散して財産を没収し，王権の強化をはかった。

④ 正文。張居正は明の万暦帝（第14代皇帝）幼少期（1572年の即位から約10年間）の16世紀後半，首席内閣大学士となって改革を行い，財政再建に取り組んだ。しかし，改革は彼の死（1582年）により挫折する。

ワンポイント　④張居正の改革の年代はやや難で，正誤判定に迷うかもしれないが，①～③は確実に年代が誤りと判断できるため，消去法により正解は④と確定できる。

25　　正解は①

a．正文。中国では清代の18世紀半ば（1757年），乾隆帝が外国船の来航を広州1港に制限し，公行（特許商人組合）に外国貿易を管理・独占させた。

b．正文。ギルドは中世ヨーロッパの都市における商工業者の同業組合で，生産・販売などを統制し，市場を独占した。フランスではフランス革命（1789～99年）中の18世紀末（1790年），国民議会がギルドを廃止し，営業の自由を確立した。

26　　正解は②

① 誤文。「ドイツ国民に告ぐ」は哲学者フィヒテがフランス軍（ナポレオン軍）占領下のベルリンにおいて1807～08年に行った連続講演で，ドイツ人の愛国心・民族意識を鼓舞した。なお，ヘーゲルはドイツ観念論を大成した哲学者。

② 正文。第1回のインド国民会議は19世紀後半（1885年），インド人の懐柔を目的としたイギリスの提案によりボンベイ（現ムンバイ）で開催された。

③ 誤文。ブルガリアは14世紀末以来オスマン帝国の支配下にあったが，1908年の青年トルコ革命による混乱に乗じて独立した。なお，オーストリア＝ハンガリー帝国（1867～1918年）では，1848年革命（「諸国民の春」）時にベーメンでチェック人の，ハンガリーでマジャール人の民族運動が展開している。

④年代が誤り。日韓協約の締結は 20 世紀初め。3 次（1904, 05, 07 年）にわたる日韓協約を通して，日本は**韓国（大韓帝国）**の植民地化を進めた。

27　　正解は③

①**不適。**伸之の発言は正しい…イギリスは 19 世紀初め，奴隷貿易を廃止した。そのため奴隷を使ったプランテーションが行われていた東南アジア・アフリカ・ラテンアメリカでは奴隷に代わる労働力が必要となり，**インド**から移民が**年季契約労働者**として送られている。

②**不適。**エレーナの発言は正しい…地図ではインド・中国・日本から東南アジアへの移民が示されている。また，**17 世紀初め**に東南アジア各地で**日本町**が形成されたことを想起できれば，発言は正しいとわかる。なお，その後，徳川幕府は日本人の海外渡航を禁止した（1635 年）。

③**適当。**ひとみの発言は誤り…**インドとアフリカ東岸**の間では 8 世紀以降（特に 10 世紀頃から），**ムスリム商人**を担い手に**インド洋交易**という形で交流が行われていた。マリンディなどアフリカ東岸の港市を想起したい。「**ヴァスコ=ダ=ガマのインド航路開拓**」（1498 年）は，ポルトガルがそれまで行われていた**インド洋交易**へ新たに参入したという意味・性格を持っている。

第 3 章　WWⅠ期以降　　まとめ

■ 欧米史編

☐ **1920 年代の国際秩序と国際協調**

1920 年代の国際秩序

ヴェルサイユ体制（ヨーロッパの国際秩序）

1919 年：ヴェルサイユ条約・サン=ジェルマン条約・ヌイイ条約

1920 年：トリアノン条約・セーヴル条約

ワシントン体制（東アジア・太平洋地域の国際秩序）

1921 年：四カ国条約

1922 年：ワシントン海軍軍備制限条約・九カ国条約

国際協調の進展

ドーズ案成立（1924 年）→フランスのルール撤兵（1925 年）・ロカルノ条約締結
（1925 年）・不戦条約締結（1928 年）・ヤング案成立（1929 年）で進展。

＊ヴェルサイユ体制はドイツ（第三帝国）のラインラント進駐（1936 年）などで
崩壊。

＊ワシントン体制は日本の柳条湖事件を発端とした満州事変（1931〜33 年）など
で崩壊。

☐ **1930 年代後半のドイツ（第三帝国）の行動をめぐる各国の対応**

スペイン内戦（1936〜39 年）

ドイツとイタリアはフランコ（反乱軍）側で参戦→イギリス・フランスは不干渉
の立場からドイツの行動を黙認，ソ連や国際義勇軍（ヘミングウェーら参加）は
人民戦線政府側を支援。

ミュンヘン会談（1938 年）

イギリス・フランスは対ドイツ宥和政策をとり，ドイツの要求を承認→ドイツは
チェコスロヴァキアのズデーテン地方を併合。

ドイツのポーランド侵攻（1939 年）

独ソ不可侵条約の締結を機に実行→イギリス・フランスはドイツに宣戦（第二次
世界大戦勃発），ソ連はポーランドに侵攻してドイツとポーランドを分割。

☐　1950年代以降のソ連・東欧諸国の動揺と崩壊

ソ連の動き	東欧諸国の動き
フルシチョフによる スターリン批判（1956）	→ ポーランド：反ソ暴動（自主解決） → ハンガリー：反ソ暴動（ソ連軍の介入で鎮圧）
ブレジネフによる「制限主権論 （ブレジネフ＝ドクトリン）」 発表（1968）	→ チェコスロヴァキア：「プラハの春」（民主化・自由 化運動）がワルシャワ条約機構軍による軍事介入で 鎮圧される
ゴルバチョフによる ペレストロイカ（1986〜） ↓ ソ連消滅（1991）	→「東欧革命」展開（1989） 　┌ ポーランド：自主管理労組「連帯」の政権獲得 　└ ルーマニア：革命でチャウシェスク処刑など 東欧社会主義圏消滅

☐　冷戦期における核兵器の制限や撤廃をめぐる動き

米ソの核開発競争

- ・アメリカのビキニ水爆実験，これによる第五福竜丸事件（1954年）
  →原水爆禁止世界大会（1955年）やパグウォッシュ会議（1957年）の開催。
- ・キューバ危機（1962年）
  →米英ソによる部分的核実験禁止条約締結（1963年）。

米ソの核抑止：平和共存へ

- ・核拡散防止条約（NPT）締結（1968年）。
- ・第1次戦略兵器制限交渉（SALT I）で米ソ合意（1972年），第2次戦略兵器
  制限交渉（SALT II）で米ソは合意するもアメリカは批准せず（1979年）。
- ・ゴルバチョフ政権の成立（1985年）・新思考外交の開始
  →米ソ間で中距離核戦力（INF）全廃条約締結（1987年）。

冷戦終結へ

＊冷戦終結後

- ・国連総会で包括的核実験禁止条約（CTBT）採択（1966年，2023年6月現在
  も未発効）。
- ・アメリカ大統領オバマ（任2009〜17年）がプラハで「核なき世界」を演説
  （2009年）。同年，オバマはノーベル平和賞受賞。
- ・国連総会で核兵器禁止条約採択（2017年，2021年1月発効。2023年6月現在，
  核保有国と日本は不参加）。

☐　冷戦期の東側陣営に対するアメリカの外交政策

アメリカ大統領	主な外交政策	米ソ関係
トルーマン	・トルーマン=ドクトリン，マーシャル=プラン発表 　（1947：反共の封じ込め政策開始） ・米州機構（OAS）の結成（1948）など	冷戦本格化
アイゼンハワー	・ジュネーヴ4巨頭会談への出席（1955） ・訪米したフルシチョフとの首脳会談（1959）	雪どけ （緊張緩和）
ケネディ	キューバ危機発生（1962)→フルシチョフとの交渉で危機回避	平和共存 ↓ 後退 ↓ 再び平和共存
ジョンソン	北ベトナム爆撃（北爆）開始（1965：ベトナム戦争）	
ニクソン	・中華人民共和国訪問（1972） ・ベトナムからのアメリカ軍撤退実現（1973）	
カーター	・米中国交正常化実現（1979） ・ソ連のアフガニスタン侵攻（1979）批判 　→第2次戦略兵器制限交渉合意の批准を拒否	新冷戦 （第2次冷戦）
レーガン	ゴルバチョフとの軍縮交渉 　→中距離核戦力（INF）全廃条約締結（1987）	協調
ブッシュ（父）	ゴルバチョフとのマルタ会談で冷戦の終結宣言 （1989），第1次戦略兵器削減条約調印（1991）	軍縮進展

☐　20世紀後半のヨーロッパ統合の動きと世界の反応

フランス・西ドイツ・イタリア・ベネルクス3国		
ECSC （ヨーロッパ石炭鉄鋼共同体）	EEC （ヨーロッパ経済共同体）	EURATOM （ヨーロッパ原子力共同体）

＊イギリスはEECに対抗しEFTA結成（1960）

1967：EC（ヨーロッパ共同体）成立

拡大EC：加盟国の増加

1973：イギリス・デンマーク・アイルランド加盟
1981：ギリシア加盟，1986：スペイン・ポルトガル加盟

マーストリヒト条約（1992年）調印→1993：EU（ヨーロッパ連合）へ発展

＊ヨーロッパ統合の動きを受けて
　1989年：APEC（アジア太平洋経済協力会議）第1回会議開催。
　1992年：アメリカ・メキシコ・カナダはNAFTA（北米自由貿易協定）締結。

■ アジア史編

☐　戦間期のアジア各地で起こった民族運動や政治変動

五・四運動（中国：1919 年）

　政府はヴェルサイユ条約の調印拒否。孫文は中華革命党を中国国民党に改組。

三・一独立運動（朝鮮：1919 年）

　日本の朝鮮統治策は武断政治から文化政治へ転換。

タキン党結成（ビルマ：1930 年）

　アウン=サン指導の下，反イギリス独立運動が継続される。

インドネシア国民党結成（インドネシア：1928 年）

　スカルノの指導の下に結成。反オランダ独立運動を展開。

第 1 次非暴力・不服従運動（インド）

　ローラット法（1919 年）などに反対し，ガンディーの指導の下で展開（〜22 年）
　→国民会議派ラホール大会（1929 年）でプールナ=スワラージ決議が行われ，ガ
　ンディーは第 2 次非暴力・不服従運動として「塩の行進」を展開（1930 年）。

第 3 次アフガン戦争（アフガニスタン：1919 年）

　イギリス領インドを攻め，イギリスから独立。立憲君主制の下で近代化を推進。

パフレヴィー朝成立（イラン：1925 年）

　レザー=ハーンがカージャール朝を倒して創始。以降，近代化推進。

ワフド党による反イギリス独立運動（エジプト）

　イギリスがエジプトの保護権を放棄，エジプト王国成立（1922 年）。

トルコ革命（トルコ）

　スルタン制が廃止されオスマン帝国滅亡（1922 年），トルコ共和国成立（1923
　年）→初代大統領ムスタファ=ケマルはカリフ制廃止（政教分離）やローマ字採用
　（文字改革）など近代化を推進。

☐　戦間期の中国共産党の動向

1921	上海で結成→1924 年中国国民党との第 1 次国共合作実現。
1927	蔣介石が起こした上海クーデタによる弾圧で，国共合作崩壊へ。
1931	瑞金に中華ソヴィエト共和国臨時政府樹立（主席は毛沢東） →以後，国民党（国民政府）との内戦激化。
1934	瑞金から延安への長征開始（36 年完了）。
1935	八・一宣言を発表し，「内戦の停止と抗日民族統一戦線の結成」を提唱。
1936	張学良が起こした西安事件を機に国民党と再接近。
1937	盧溝橋事件を機に日中戦争が勃発すると，第 2 次国共合作実現。

☐　イスラエルの建国と中東戦争

国連総会でパレスチナ分割案採択（1947年）→翌48年イスラエルの建国宣言。

第1次中東戦争（パレスチナ戦争）（1948～49年）

発端：イスラエル建国に対するアラブ諸国の攻撃

結果：イスラエルの勝利，領土拡大，パレスチナ難民の発生

第2次中東戦争（スエズ戦争）（1956～57年）

発端：エジプト大統領ナセルのスエズ運河国有化宣言に対するイスラエル・イギリス・フランスのエジプト攻撃

結果：国連の即時停戦決議，アメリカ・ソ連の3国批判→イスラエル・イギリス・フランスの撤退

その後：アラブ民族主義の高揚（指導者はエジプト大統領ナセル）

＊パレスチナ解放機構（PLO）結成（1964年）→イスラエルと武装闘争開始

第3次中東戦争（1967年）

発端：イスラエルのアラブ諸国への先制攻撃

結果：イスラエルの勝利。シナイ半島・ガザ地区・ヨルダン川西岸・ゴラン高原占領→パレスチナ難民の大量発生

その後：敗北したアラブ側ではエジプト大統領ナセルの影響力低下とともに，アラブ民族主義の後退。一方，PLOではアラファトが議長となり（1969），反イスラエル武装闘争が激化。

第4次中東戦争（1973年）

発端：第3次中東戦争の領土喪失に対するアラブ側の反撃

結果：停戦，アラブ石油輸出国機構（OAPEC）の石油戦略発動（第1次石油危機）

その後：エジプト＝イスラエル平和条約締結（1979年）→イスラエルはシナイ半島をエジプトに返還（1982年）。

☐　戦後のアジアで起こった主要な紛争や政治変動

インドシナ戦争（1946～54年）

ベトナム民主共和国とフランスの戦い

→1954年5月にフランスの根拠地ディエンビエンフーが陥落。7月にジュネーヴ休戦協定成立。フランス軍撤退。

→北緯17度線を暫定的軍事境界線にベトナムは南北へ分断。

朝鮮戦争（1950～53年）

北朝鮮・これを支援する中国（中華人民共和国）の義勇軍と，韓国・これを支援するアメリカ中心の国連軍の戦い

→1953年休戦協定が成立し，北緯38度線を境界に朝鮮の南北分断が固定化。

ベトナム戦争 （1965～75 年）

　ベトナム民主共和国（北ベトナム）・南ベトナム解放民族戦線と，ベトナム共和
　国（南ベトナム）・アメリカ軍の戦い

　→1973 年ベトナム（パリ）和平協定が成立しアメリカ軍撤退，75 年北ベトナム
　　軍・解放民族戦線はサイゴン（ベトナム共和国の首都）占領，76 年南北が統
　　一されベトナム社会主義共和国成立（首都ハノイ）。

イラン革命 （1979 年）

　パフレヴィー朝打倒。イラン＝イスラーム共和国成立（指導者はホメイニ）

　→第 2 次石油危機発生（1979 年），同年ソ連はアフガニスタン侵攻，翌 80 年イ
　　ラク（大統領サダム＝フセイン）の侵攻でイラン＝イラク戦争勃発。

☐　毛沢東から鄧小平までの中国における内政状況と外交の推移

	国内政策	対外関係
毛沢東	・土地改革（1950） 　→第 1 次五カ年計画（1953～57）で農業集団化 ・「大躍進」政策（運動）開始（1958） 　→人民公社設立 ・「大躍進」政策の挫折 　→劉少奇との対立	・中ソ友好同盟相互援助条約（1950），朝鮮戦争に義勇軍派遣（1950） ・フルシチョフのスターリン批判（1956）を機に中ソ対立へ ・チベット反乱→中印国境紛争（1959～62）
文化大革命期	・プロレタリア文化大革命の開始(1966) 　→劉少奇や鄧小平ら実権派失脚 ・毛沢東の死去（1976） 　→文化大革命は終息，鄧小平の復活	・ダマンスキー島（珍宝島）での中ソ武力衝突（1969） ・国連代表権獲得（1971） ・ニクソンや田中角栄の中国訪問（1972） ・日中国交正常化（1972）
鄧小平	・「四つの現代化」を目指し改革・開放政策開始（1978） ・人民公社解体（1985） ・天安門事件発生（1989）	・日中平和友好条約（1978） ・米中国交正常化（1979） ・中越戦争（1979） ・イギリス首相サッチャーと香港返還合意（1984，返還は 1997 年に実現）

☐　第二次世界大戦後の日本経済

・経済復興：朝鮮戦争（1950～53 年）による特需景気により達成。
・高度経済成長：1955 年から始まり，池田勇人内閣の所得倍増計画（政策）など
　により推進→1973 年の第 1 次石油危機で翌年にマイナス成長となり終焉。
・安定成長：自動車などの大量輸出→日米貿易摩擦の深刻化。
・バブル経済：1985 年のプラザ合意を機に発生→1991 年崩壊し平成不況へ。

第3章 WWⅠ期以降 演習問題

■ 欧米史編

28 1920年代のヨーロッパの状況について述べた文として正しいものを，次の①～④のうちから一つ選べ。

① フランスはドイツの復興を支援するため，ドイツに対する賠償請求権を放棄した。
② 国際協調主義が高まり，日英同盟が強化された。
③ ロカルノ条約は，ドイツ西部国境の現状維持を確認し，ヨーロッパの緊張を緩和した。
④ イタリアは，ラパロ条約を結んで，ソ連を承認した。

〔1993年度本試 世界史B・改〕

29 1930年代の欧米の政策について述べた文として正しいものを，次の①～④のうちから一つ選べ。

① アメリカ合衆国では，テネシー川流域開発公社（TVA）の設立のような，政府主導による経済政策がとられた。
② ソ連では，新経済政策（ネップ）によって，市場経済への移行が実施された。
③ イギリスは，オタワで開かれたイギリス連邦経済会議で自由貿易体制の堅持を確認した。
④ イタリアでは，世界恐慌に対処するため，ファシスト政権が成立した。

〔1994年度本試・1998年度本試 世界史B・改〕

30 冷戦期の出来事について述べた文として正しいものを，次の①～④のうちから一つ選べ。

① ブルガリアで，ドプチェクが，自由化を推進した。
② 東ドイツが，アデナウアーの下で，主権を回復した。
③ 西ドイツで，ブラントが東方外交を推進した。
④ ソ連が，バグダード（中東）条約機構に参加した。

〔2014年度本試・2018年度本試 世界史B・改〕

31 1950年代から60年代にかけてのソ連と東欧諸国との関係について述べた文として正しいものを，次の①〜④のうちから一つ選べ。

① ソ連軍が中心となって，改革を進めるチェコスロヴァキアに軍事介入を行った。
② ハンガリーのポズナニで，大規模な反ソ暴動が起こった。
③ 東ドイツ政府は「ベルリンの壁」を築いて，ソ連との関係を断った。
④ ソ連が平和共存路線を打ち出したことにより，ワルシャワ条約機構は解体した。

〔2002年度本試　世界史B・改〕

アジア史編

32 中華民国の歴史について述べた文として正しいものを，次の①〜④のうちから一つ選べ。

① 山東半島のフランス利権をめぐって，五・四運動が起こった。
② パリ講和会議に参加し，ヴェルサイユ条約に調印した。
③ ワシントン会議に参加し，四カ国条約に調印した。
④ 国民政府は，外交政策として関税自主権の回復を目指した。

〔2013年度本試・2016年度本試　世界史B・改〕

33 中華人民共和国で起こったプロレタリア文化大革命について述べた文として正しいものを，次の①〜④のうちから一つ選べ。

① 劉少奇が，「実権派（走資派）」として批判された。
② この革命の運動に対抗して，紅衛兵が組織された。
③ この革命の終了後，中ソ論争（中ソ対立）が始まった。
④ この革命中，「四つの現代化」が推進された。

〔2008年度本試・2011年度本試　世界史B・改〕

34 インドネシアの独立運動とその後の歴史について述べた次の文のaとbの正誤の組合せとして正しいものを，下の①〜④のうちから一つ選べ。

a　インドネシア国民党がスハルトによって創設され，独立運動を推進した。
b　独立宣言後，武力で独立を阻むオランダとインドネシア共和国軍との間で戦争が始まった。

① 　a 一正　　　b 一正
② 　a 一正　　　b 一誤
③ 　a 一誤　　　b 一正
④ 　a 一誤　　　b 一誤

〔1998 年度本試　世界史 B・改〕

35　第二次世界大戦後のベトナムをめぐる動向について述べた文として正しいもの
　　を，次の①～④のうちから一つ選べ。

① 　フランスが，ディエンビエンフーで敗北した。
② 　フランスが，バオダイ政権を滅ぼした。
③ 　ホー＝チ＝ミンが，ベトナム共和国の独立を宣言した。
④ 　ソ連に支援されたゴ＝ディン＝ジエムが，政権を樹立した。

〔2008 年度本試　世界史 B・改〕

36　20 世紀前半のイスラーム世界で起こった出来事について述べた文として正し
　　いものを，次の①～④のうちから一つ選べ。

① 　トルコでは，第一次世界大戦後，スルタン制の下で近代化政策がとられた。
② 　エジプトでは，第一次世界大戦後，ワフド党が反英民族運動を展開した。
③ 　アラビア半島では，第二次世界大戦後にサウジアラビアが建国された。
④ 　シリアは，第一次世界大戦後，イギリスの委任統治から独立した。

〔2004 年度本試　世界史 B・改〕

37　20 世紀前半の日中関係について述べた文として正しいものを，次の①～④の
　　うちから一つ選べ。

① 　汪兆銘が，大連で親日政権（対日協力政権）を建てた。
② 　盧溝橋事件で，関東軍は軍事行動を開始し，満州国を樹立した。
③ 　国民政府が，首都を重慶へ移転し，日本への抗戦を続けた。
④ 　張学良が，武漢で蒋介石を捕らえ，内戦停止と抗日を要求した。

〔2019 年度追試　世界史 B・改〕

東西融合編

38 第一次世界大戦以後の世界に出現した，独裁的な指導者や政権について述べた
文として正しいものを，次の①〜④のうちから一つ選べ。

① ブレジネフは，反対派への大粛清（大量粛清）を行った。
② ピノチェトは，ブラジルで軍事政権を樹立し左派を弾圧した。
③ フランコは，スペイン内戦を経て独裁体制を樹立した。
④ ポル=ポト政権は，ラオスで自国民の大量虐殺を行った。

〔2017 年度追試 世界史Ｂ・改〕

39 1950 年代の世界で起こった出来事について述べた文として正しいものを，次
の①〜④のうちから一つ選べ。

① インドとパキスタンが，相次いで核実験を行った。
② ジュネーヴ４巨頭会談の実現などで，「雪どけ」が進んだ。
③ 中華人民共和国が，国連における代表権を獲得した。
④ ソ連が，キューバにミサイルを配備した。

〔2012 年度本試 世界史Ｂ・改〕

40 第二次世界大戦後の世界的な反戦や平和への取り組みに関連して述べた文とし
て正しいものを，次の①〜④のうちから一つ選べ。

① パグウォッシュ会議は，科学者による核兵器禁止運動の組織である。
② 部分的核実験禁止条約は，地下および大気圏内における核兵器の実験を禁止し
ている。
③ 非同盟諸国首脳会議の第１回大会は，バンドン会議と呼ばれる。
④ ベトナム反戦運動の支持を受けて，ケネディが大統領に当選した。

〔1995 年度本試 世界史Ｂ・改〕

第
3
章

41 次の資料は，アメリカ合衆国，ソ連・ロシア，日本のそれぞれの国の一人当たり GDP を示したものである。資料のグラフに該当する国について述べた文として最も適当なものを，後の①～④のうちから一つ選べ。

資料　3国の一人当たり GDP

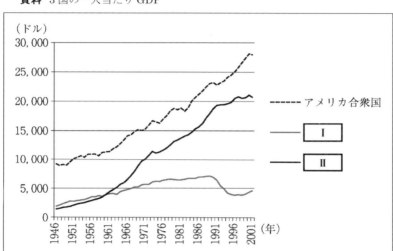

(Angus Maddison, *The World Economy* (Academic Foundation, 2007), Volume 2 より作成)

① Ⅰのグラフにおける 1990 年代前半の急激な下降は，バブル経済の崩壊によるものと考えられるので，Ⅰは日本である。

② Ⅰのグラフにおける 1990 年代の急激な下降と緩やかな上昇は，天安門事件に対する経済制裁と改革開放政策の推進によるものと考えられるので，Ⅰはソ連・ロシアである。

③ Ⅱのグラフにおける 1950 年代後半から 1970 年代前半にかけての著しい上昇は，高度成長期に相当すると考えられるので，Ⅱは日本である。

④ Ⅱのグラフにおける 1950 年代以降の上昇は，アメリカ合衆国との競合の過程に相当し，1990 年代前半の上昇の鈍化は，体制の崩壊によるものと考えられるので，Ⅱはソ連・ロシアである。

〔サンプル問題 歴史総合・改〕

第3章 WWⅠ期以降

解答解説

欧米史編

28 正解は③

①誤文。第一次世界大戦後，フランスはドイツに高額の賠償金支払いを要求し，1923 年には支払い不履行を理由に**ルール占領**を強行した。その後，1924 年にドイツ復興のための**ドーズ案**が成立し，フランスもこれを承認したが，ドーズ案は賠償支払い方法の緩和などを定めただけで，フランスは賠償請求権を放棄したわけではない。

②誤文。**日英同盟**は 1921 年の四カ国条約（ワシントン会議で結ばれた 3 つの条約の一つ）で解消された。その後，ロカルノ条約などにみられるように 1925 年頃から国際協調主義が高揚する。

③正文。**ロカルノ条約**は 1925 年に結ばれ，ラインラントの非武装化の他，ドイツ西部国境の現状維持などを約した。この条約はヨーロッパの緊張緩和に貢献し，**国際協調**を進展させた。翌年，ドイツは**国際連盟**に加入した。

④誤文。**ラパロ条約**はソヴィエト政権とドイツ（ヴァイマル共和国）の間で 1922 年 4 月に結ばれ，ドイツはソヴィエト政権（同年 12 月にソ連成立）を認めた。この条約は資本主義国が社会主義のソヴィエト政権を承認した最初の事例となる。

29 正解は①

①正文。アメリカ合衆国では 1930 年代，**フランクリン=ローズヴェルト**大統領が恐慌対策として**ニューディール**と呼ばれる政府主導の経済政策を採用し，**テネシー川流域開発公社（TVA）**の設立（1933 年）による公共事業の創出などを行った。

②誤文。ソ連の**新経済政策（ネップ）**は戦時共産主義（1918 年に採用された経済政策）による生産低下を回復するため，1920 年代に行われた（1921～28 年）。その後，1928 年にはネップに代わって第 1 次**五カ年計画**が採用され，続いて 1933 年からは第 2 次五カ年計画が推進され，計画経済へと移行した。

③誤文。イギリスは恐慌対策を話し合うため，1932 年にカナダの**オタワ**で**イギリス連邦経済会議（オタワ連邦会議）**を開き，ブロック経済政策を採用した。これにより，イギリスが 19 世紀前半に確立した自由貿易体制は崩壊した。

④誤文。イタリアでは第一次世界大戦終結後，**ムッソリーニ**の率いる**ファシスト党**

が台頭し，1922年の「ローマ進軍」で政権を握った。ファシスト政権は1930年代に恐慌対策として統制経済やエチオピア侵攻（1935〜36年）を行っている。

30 正解は③

① 誤文。ドプチェクはチェコスロヴァキアの共産党指導者で，1968年に「プラハの春」と呼ばれる自由化・民主化の運動と改革を進めた。

② 誤文。アデナウアーは西ドイツ（ドイツ連邦共和国）の初代首相。このアデナウアー政権の下，1954年に結ばれたパリ協定で西ドイツは主権を回復した。

③ 正文。西ドイツ首相ブラントは，ソ連や東欧の社会主義諸国との関係改善をはかる東方外交を進めた。1972年には東西ドイツ基本条約を結んで両国の関係を正常化させ，翌73年東西ドイツの国連同時加盟を実現した。

④ 誤文。バグダード（中東）条約機構は，ソ連など東側陣営に対抗する西側陣営の集団安全保障機構（反共・反ソの軍事同盟）の一つとして，トルコ・イラク・イラン・パキスタン・イギリスの5カ国によって1955年に結成された。

31 正解は①

① 正文。チェコスロヴァキアで1968年に進められた「プラハの春」は，同年ワルシャワ条約機構軍を率いたソ連の軍事介入により阻止された。

② 誤文。フルシチョフ（ソ連共産党第一書記）のスターリン批判（1956年）を機に，同年ポーランドのポズナニとハンガリーのブダペストで反ソ暴動が起こった。

③ 誤文。東ドイツ政府は人々の西側（西ドイツ）への脱出を防ぐため，1961年，ソ連の協力を得て「ベルリンの壁」を築いた。

④ 誤文。ソ連の平和共存路線は1956年，スターリン批判を行ったフルシチョフにより提唱された。しかし，その後も冷戦が続いたためワルシャワ条約機構は維持され，冷戦の終結とともに1991年に解体した。

アジア史編

32 正解は④

① 誤文。「フランス利権」が誤り。山東半島の利権は19世紀末にドイツが獲得し，1915年の二十一カ条の要求で日本が継承した。第一次世界大戦後のパリ講和会議に出席した中華民国は，二十一カ条の要求の取り消しや山東半島の旧ドイツ利権の返還を求めたが，却下されたため，これに抗議して1919年に五・四運動が

起こった。

②誤文。「調印した」が誤り。中華民国はパリ講和会議に出席したが（1919年），五・四運動の影響を受け，政府はヴェルサイユ条約の調印を拒否した。

③誤文。「四カ国条約」が誤り。中華民国はワシントン会議（1921〜22年）に参加し，中国の主権尊重などを約した九カ国条約に調印した。同会議では四カ国条約も結ばれたが，この条約は米・英・仏・日の条約で，中華民国は関係しない。

④正文。中国は清朝時代の19世紀，列強との不平等条約で関税自主権を喪失した。**中華民国政府（国民政府）は国民革命（中国の統一）達成後の1928年から関税自主権の回復を目指して列強と交渉し，これを実現していった。**

ワンポイント　④の判定はやや難だが，①〜③が完全に誤りとわかれば，消去法により④が正文と確認できる。

33　　正解は①

プロレタリア文化大革命は1966〜77年で，毛沢東が発動した。

①正文。**プロレタリア文化大革命期，毛沢東は劉少奇を「資本主義の道を歩む者」**という意味で**実権派（走資派）と呼んで批判し，失脚させた（1968年）。**

②誤文。紅衛兵は毛沢東を崇拝する学生など若い世代のグループで，文化大革命勃発期に組織され，毛沢東の支持を受けて革命運動の一翼を担った。なお，紅衛兵による運動は混乱を招いたため，紅衛兵は1968年以降に農村や辺境に追放された。

③誤文。「終了後」が誤り。中ソ論争（中ソ対立）は文化大革命勃発前の1956年，フルシチョフのスターリン批判を機に始まった。やがて**中ソ国境紛争**に発展し，文化大革命期の1969年には**ダマンスキー島（珍宝島）で軍事衝突**が発生して対立は深刻化した。

④誤文。「四つの現代化」とは「農業・工業・国防・科学技術の近代化」のことで，文化大革命期の1975年に周恩来が提唱したが，**当時は批判された。しかし，文化大革命終結後**には中国の新目標として評価・強調され，経済政策としては改革・開放政策が始まる（1978年）。

34　　正解は③

ａ．誤文。**インドネシア国民党**はスカルノによって，1928年に結成された。なお，スハルトは軍人で，1965年の**九・三〇事件**（陸軍司令部が共産党勢力を一掃した事件）を機にインドネシア共和国の実権を握り，**大統領**となった（1968年）。

ｂ．正文。太平洋戦争終結直後の1945年8月17日，インドネシア共和国の独立が

宣言された。しかし，旧宗主国のオランダが独立を認めず，武力介入したため戦争となり，1949年ようやく独立を達成した。

35 　正解は①

① 正文。ディエンビエンフーはベトナムにおけるフランスの根拠地。ディエンビエンフーの戦いでフランスは敗北し（1954年），インドシナ戦争における敗退が確定した。この直後，ジュネーヴ休戦協定が結ばれる。

② 誤文。「滅ぼした」が誤り。フランスはインドシナ戦争を有利に展開するため，南ベトナムにバオダイを元首とするベトナム国を樹立し（1949年），バオダイ政権を支援した。

③ 誤文。ホー=チ=ミンは太平洋戦争終結直後の1945年9月2日にベトナム民主共和国の独立を宣言した（1945年）。これを旧宗主国のフランスが認めなかったため，インドシナ戦争（1946～54年）となった。

④ 誤文。「ソ連」が誤り。ゴ=ディン=ジエムはアメリカ合衆国の支援を得て，バオダイを追放して（ベトナム国崩壊），ベトナム共和国を樹立し，大統領として政権を握った（1955年）。

36 　正解は②

① 誤文。第一次世界大戦後のトルコでは，1922年スルタン制が廃止されてオスマン帝国が滅亡し，翌23年トルコ共和国が成立した（トルコ革命）。以後，大統領となったムスタファ=ケマルの下でカリフ制廃止などの近代化政策が進められた。

② 正文。エジプトでは，第一次世界大戦後もイギリスの支配が維持された。そのため民族主義政党のワフド党が独立を目指して反英民族運動を展開した。

③ 誤文。アラビア半島では，第一次世界大戦後の1932年に半島をほぼ統一したイブン=サウード（アブド=アルアジーズ）がサウジアラビア（王国）を建設した。

④ 誤文。シリアは，第一次世界大戦後フランスの委任統治領となり，第二次世界大戦後の1946年に共和国として独立した。

37 　正解は③

① 誤文。汪兆銘は1940年，南京で親日政権（対日協力政権）を樹立した。

② 誤文。関東軍は柳条湖事件を機に満州事変を起こし，満州国を樹立した。

③ 正文。国民政府は1937～38年，対日抗戦のため南京，武漢，重慶へと遷都した。

④ 誤文。張学良は1936年，西安で蔣介石を捕らえ抗日戦を求めた（西安事件）。

■ 東西融合編

38　　正解は③

①誤文。ソ連では**スターリン**が 1930 年代に反対派への大粛清（大量粛清）を行い，独裁体制を樹立した（**スターリン体制**）。ブレジネフはスターリン批判を行ったフルシチョフ失脚後，1964 年にソ連共産党第一書記に就任した。

②誤文。ピノチェトは 1973 年の**チリ軍部クーデタ**を経て，翌年大統領に就任し（任 1974〜90 年），長期にわたる軍事政権を樹立して左派の弾圧を行った。

③正文。**フランコ**は**スペインの右派軍人**で，1936 年人民戦線内閣に対して反乱を起こした（**スペイン内戦**）。内戦は 1939 年反乱軍側の勝利に終わり，フランコは**独裁体制**を樹立した。

④誤文。**ポル=ポト政権**は 1975 年**カンボジア**に成立した急進左派の独裁政権で，国名を**民主カンプチア**と改称し，反対派住民の大量虐殺を行った。

39　　正解は②

①年代が誤り。インドは **1974 年**，**1998 年**に核実験を行い，それに対抗してパキスタンも **1998 年**に核実験を行い，両国は核保有国となった。

②正文。ジュネーヴ 4 巨頭会談は 1955 年開催の米・英・仏・ソ連の首脳会談で，具体的な成果はなかったが，話し合いによる東西両陣営間の問題解決への期待を高めたため，「雪どけ」（東西両陣営間の緊張緩和）を進めた。

③年代が誤り。**中華人民共和国**は 1971 年，台湾（中華民国）にかわって**国連代表権**を獲得した。なお，これを機に，翌 72 年，アメリカ大統領**ニクソン**，続いて日本の首相田中角栄が訪中している。

④年代が誤り。キューバは 1959 年の革命を経て，1961 年に**社会主義を宣言**した。このキューバにソ連が 1962 年ミサイルを配備したため，アメリカ大統領**ケネディ**はミサイルの撤去を求めて海上封鎖を行い，キューバ危機となった。

40　　正解は①

①正文。**パグウォッシュ会議**は 1957 年カナダのパグウォッシュで開かれた科学者の会議を指し，核兵器の脅威などを訴えた。以後，この会議は**科学者による核兵器禁止運動の中心的な組織**となる。

②誤文。**部分的核実験禁止条約**は 1963 年，米・英・ソ連の間で調印され，大気圏・大気圏外の空間や水中での実験を禁止したが，地下核実験は除外された。

③誤文。バンドン会議は，1955年にインドネシアの都市バンドンで開催された第
　1回アジア=アフリカ会議の別名で，平和十原則を採択した。なお，第1回非同
　盟諸国首脳会議は1961年，ユーゴスラヴィアのベオグラードで開催された。
④誤文。ベトナム反戦運動はアメリカ合衆国が1965年にベトナム戦争へ本格的に
　介入したことへの反発から起こった。この時のアメリカ大統領は1963年に暗殺
　されたケネディの後を受けたジョンソン。ジョンソンは反戦運動の高揚などで再
　選を断念し，1968年の大統領選挙では共和党のニクソンが当選した。

41　　正解は③

①誤文。ⅠはⅡに比べて一人当たりGDPの伸びが鈍く，高度経済成長を実現した
　日本ではなくソ連・ロシアと判断できる。Ⅰの「1990年代前半の急激な下降」は，
　1991年のソ連消滅（体制の崩壊）に代表されるソ連・ロシアの混乱を背景とする。
②誤文。天安門事件は1989年に起こった民主化運動への弾圧で，改革・開放政策
　は1978年から始まった市場経済導入などをめざした政策を指す。ともに中華人
　民共和国における動きで，ソ連・ロシアとは関連しない。
③正文。④誤文。日本は朝鮮戦争（1950〜53年）による特需で経済を復興させ，
　1955年から高度経済成長の時代となり，1968年にはアメリカ合衆国に次ぐ経済
　大国となった。1973年の第1次石油危機を機に高度経済成長は終わり，Ⅱで示
　されているように翌1974年には戦後初のマイナス成長となった。その後，1976
　年に不況を脱し安定成長と呼ばれる時期が続き，1986年からはバブル経済とな
　った。この間，日本は工業製品を輸出して国際競争力を高め，アメリカ合衆国と
　の間に，特に自動車をめぐって日米貿易摩擦が深刻化した。バブル経済は1991
　年に崩壊し，Ⅱの1991年以降の成長の鈍化や下降は平成不況を表している。

第4章　地域史・テーマ史　　まとめ

☐ **前近代のアフリカにおけるサハラ以南の王国や都市**

・ガーナ王国（7世紀頃～13世紀半ば頃）：西スーダン（西アフリカ）の王国，自国産の金とムスリム商人が持ち込む**岩塩の交易（サハラ縦断交易）で繁栄→滅亡**後，西スーダンには**マリ王国**成立（13世紀半ば），ついで**ソンガイ王国**成立（15世紀半ば）。

・トンブクトゥ：**ニジェール川中流域の都市**，マリ王国やソンガイ王国の**経済・文化の中心地として繁栄**。

・マリンディ，モンバサ，ザンジバル，キルワ：**アフリカ東岸の港市**，ムスリム商人による**インド洋交易の拠点として繁栄，スワヒリ語の誕生・共通語化**。

・モノモタパ王国：アフリカ南部（**ザンベジ川以南の地**）の王国，象牙や金を輸出するインド洋交易で繁栄。

・クシュ王国：前10世紀頃から**ナイル川上流**（ないし中流）域で栄えた最古の黒人王国。後半期の都は**メロエ**，4世紀半ばにエチオピアの**アクスム王国**により滅亡。

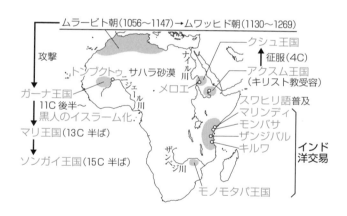

☐ **第二次世界大戦後のアフリカにおける主要な独立と連帯**　＊【　】内は宗主国

1957	ガーナ【イギリス】がエンクルマ（ヌクルマ）の指導下に独立。
1960	コンゴ【ベルギー】を含め，17の独立国誕生（「アフリカの年」）。
1962	アルジェリア【フランス（第五共和政ド=ゴール大統領期）】独立。
1963	アフリカ統一機構（OAU）結成→2002年アフリカ連合（AU）へ。
1975	モザンビークとアンゴラ【ポルトガル】が独立。

☐　17〜19世紀のヨーロッパで活躍した主な医者・自然科学者と業績

医者	ハーヴェー（英）1578〜1657	血液循環説主張
	ジェンナー（英）1749〜1823	種痘法の開発
	レントゲン（独）1845〜1923	X線の発見
	パストゥール（仏）1822〜95	狂犬病の予防・治療に貢献
自然科学者	ニュートン（英）1642〜1727	万有引力の法則の発見
	ボイル（英）1627〜91	気体力学の基礎確立
	リンネ（スウェーデン）1707〜78	動植物分類学の基礎確立
	ラヴォワジェ（仏）1743〜94	質量保存の法則の発見
	ダーウィン（英）1809〜82	進化論の提唱
	キュリー夫妻（仏）夫1859〜1906 妻1867〜1934	ラジウムの発見

☐　19世紀の主なヨーロッパの文学思潮とその特徴

古典主義 調和と形式美を重視	ゲーテ（独,『ファウスト』） シラー（独,『群盗』）
ロマン主義 個性・感情を重視し，また 民族の歴史や文化を尊重	グリム兄弟（独,『グリム童話集』） ハイネ（独,『歌の本』） ユゴー（仏,『レ＝ミゼラブル』） バイロン（英,『チャイルド＝ハロルドの遍歴』）
写実主義（リアリズム） ありのままの人間や社会の 現実を重視	スタンダール（仏,『赤と黒』） バルザック（仏,『人間喜劇』） ディケンズ（英,『オリヴァー＝トゥイスト』）
自然主義 人間や社会への科学的・客 観的な観察・分析を重視	ゾラ（仏,『居酒屋』） モーパッサン（仏,『女の一生』） イプセン（ノルウェー,『人形の家』）

＊19世紀ロシア：ドストエフスキー（『罪と罰』）やトルストイ（『戦争と平和』）が
帝政期のロシア社会を描いた。

＊作家と政治：ゾラはドレフュス事件（1890年代）の際，新聞に「私は弾劾する」
と題する，大統領への公開質問状を発表し，政府や軍部を非難した。

第4章　地域史・テーマ史　　演習問題

42 ラテンアメリカ諸国について述べた文として正しいものを，次の①～④のうちから一つ選べ。

① ブラジルは，1822年に共和国としてポルトガルから独立した。
② キューバは，独立後にイギリスの事実上の保護国となった。
③ メキシコ革命の結果，サパタの独裁政権が打倒された。
④ チリでは，軍部クーデタで，アジェンデ政権が打倒された。

〔2008年度本試　世界史B・改〕

43 アフリカの歴史について述べた文として正しいものを，次の①～④のうちから一つ選べ。

① 大西洋岸の都市マリンディが，ヨーロッパとの交易で繁栄した。
② 15世紀に，アクスム王国がクシュ王国を滅ぼした。
③ ザンベジ川の南ではモノモタパ王国がインド洋交易で栄えた。
④ リベリアは，19世紀に奴隷貿易のための植民地とされた。

〔1993年度本試・2008年度本試　世界史B・改〕

44 仏教に関連して述べた文として正しいものを，次の①～④のうちから一つ選べ。

① アユタヤ朝では，上座部仏教が信仰された。
② インドの仏教とイスラーム文化が融合し，ガンダーラ美術が生まれた。
③ 仏教は西アジアに伝わり，ゾロアスター教の成立に影響を与えた。
④ ラサのトプカプ宮殿には，ダライ=ラマが常駐した。

〔1992年度本試・2011年度本試・2016年度本試　世界史B・改〕

第4章

45 キリスト教に関連して述べた文として正しいものを，次の①〜④のうちから一つ選べ。

① マニ教は，キリスト教の誕生に影響を与えた。
② 『新約聖書』は，最初はヘブライ語で記されていた。
③ カタコンベは，キリスト教徒によって礼拝に用いられた。
④ クレルモン宗教会議（公会議）において，ウィクリフが異端とされた。

〔2007 年度本試・2016 年度本試 世界史B・改〕

46 ヨーロッパの医学や治療をめぐる歴史について述べた文として正しいものを，次の①〜⑥のうちから2つ選べ。

① イブン=サウードの医学書が，中世ヨーロッパでは重用された。
② 中世イタリアのサレルノ大学は，医学で有名となった。
③ ラヴォワジェは種痘法を発明し，予防接種という方法を開発した。
④ リンネは血液の循環を立証し，生理学の発展に貢献した。
⑤ フランスのキュリー夫妻が発見したX線は，医学へ応用された。
⑥ ドイツのコッホは，細菌学の研究を行い，結核菌などを発見した。

〔2004 年度本試 世界史B・改〕

47 古典主義・ロマン主義（ロマン派）・自然主義の芸術家について述べた文として正しいものを，次の①〜④のうちから一つ選べ。

① ドイツの古典主義の作家ハイネは，『若きウェルテルの悩み』『ファウスト』を著した。
② イギリスのロマン派の詩人ワーズワースは，ギリシア独立戦争に参加した。
③ ドイツのロマン派の作曲家ワグナー（ヴァーグナー）は，楽劇を創始した。
④ フランスの自然主義の画家ルノワールは，「落ち穂拾い」など農民の生活を描き続けた。

〔2006 年度本試 世界史B・改〕

48 日本の対外関係の歴史について述べた文として正しいものを，次の①〜④のうちから一つ選べ。

① 江戸幕府が，欧米に岩倉使節団を派遣した。
② 江華島事件の結果，日清修好条規が締結された。
③ 沖縄返還の年，日中国交正常化が実現した。
④ 日ソ共同宣言により，日本は主権を回復した。

〔2016 年度本試・2018 年度本試 世界史Ａ・改〕

49 次の**要約１〜５**はあるアフリカの国の歴史について生徒が調べ，先生に提出したメモの内容をまとめたものである。この**要約１〜５**が指している国の歴史には南アフリカ共和国の歴史との共通性が見られる。その共通性について述べた文として最も適当なものを，下の①〜④のうちから一つ選べ。

要約１

1989 年から 2003 年にかけて，断続的に内戦が起こった。

要約２

列強によるアフリカ進出の中で，独立を維持した。

要約３

アメリカ合衆国の解放奴隷が入植して，建国された。

要約４

支配層である解放奴隷と，先住民との間で，対立が続いた。

要約５

現在の総人口に占める解放奴隷の子孫の割合は，１割に満たない。

① 将校の指導によって王政が倒され，共和国が成立した。
② 人口において少数である入植者の子孫による支配が続いた。
③ 1990 年代に民族対立による内戦が起こり，多くの犠牲が出た。
④ 白人による人種隔離政策が導入され，1990 年代まで継続した。

〔2021 年度本試第 2 日程 世界史Ｂ・改〕

第4章

第4章　地域史・テーマ史　　　解答解説

42　正解は④

①誤文。ブラジルはラテンアメリカ唯一のポルトガル領で，1822年に帝国として独立し，1889年の共和革命により帝政は崩壊し，共和国となった。

②誤文。スペイン領キューバは1898年の**アメリカ=スペイン戦争**で独立した。しかし，1901年のプラット条項によってアメリカ合衆国の事実上の保護国となった。

③誤文。**メキシコ革命**は1910年に勃発し，**マデロ**（自由主義者）や**サパタ**（農民運動の指導者）らに指導され，翌11年ディアスの独裁政権を打倒した。なお，1917年，民主的な憲法が制定され，革命は終結する。

④正文。チリでは1970年，歴史上最初の選挙による社会主義政権として**アジェンデ政権**が成立した。しかし1973年の軍部クーデタでアジェンデ政権は倒され，**ピノチェト**が軍事政権を樹立した。

43　正解は③

①誤文。マリンディは**モンバサ**や**キルワ**などと同様，アフリカ東岸のインド洋岸に位置する港市で，インド洋を舞台としたムスリム商人との交易で栄えた。

②誤文。「15世紀」が誤り。**クシュ王国**はナイル川上流（ないし中流）域にあった最古の黒人王国で，のちに**メロエ**に遷都したことでメロエ王国とも呼ばれる。メロエ遷都後，製鉄と商業で栄えたが，4世紀半ばにエチオピアの**アクスム王国**に滅ぼされた。

③正文。**モノモタパ王国**はショナ人の王国で，南アフリカの**ザンベジ川**の南に成立し（11世紀頃），金・象牙の輸出と綿布の輸入による**インド洋交易**で栄えた。

④誤文。リベリアはアメリカ合衆国で解放された黒人奴隷をアメリカ植民地協会が入植させて，1847年に独立した共和国。**リベリア共和国**は列強によるアフリカ分割期（19世紀末〜20世紀初め）に**エチオピア帝国**とともに独立を維持した。

ワンポイント　③のモノモタパ王国の位置は難しく，判定に戸惑うが，①②④は完全に誤りとなるため，消去法により正解は③に確定できる。

44　正解は①

①正文。**アユタヤ朝**（1351〜1767年）は**タイ**の王朝。東南アジアの大陸部ではス

リランカから伝わった**上座部仏教**が広まり，アユタヤ朝でも上座部仏教が信仰された。

②誤文。「イスラーム文化」が誤り。**ガンダーラ美術**は**ギリシア風の仏教美術**で，インドの仏教と**ヘレニズム文化**の融合により生まれ，**クシャーナ朝時代**（1〜3世紀）に発達した。

③誤文。**ゾロアスター教**の成立は**仏教**の成立（前5世紀頃）より**早く**，仏教がゾロアスター教の成立に「影響を与えた」ことはない。西方（イラン）へ伝わった仏教は，ササン朝の下でゾロアスター教やキリスト教と融合し，**マニ教**を成立させている（3世紀前半）。

④誤文。**ダライ=ラマ**は**チベット仏教**の教主（最高指導者）で，チベットのラサに17世紀に建造された**ポタラ宮殿**に居住した。**トプカプ宮殿**はオスマン帝国の都イスタンブルに15世紀に造営され，**スルタン**が居住した。

45 正解は③

①誤文。**キリスト教**は**イエス**を救世主とみなし，イエスの教えを信じる宗教で，1世紀頃に成立した。**マニ教**の成立はそれより後の3世紀だから，マニ教が「キリスト教の誕生に影響を与えた」ことはない。

②誤文。キリスト教の教典のうち，『旧約聖書』の原典は**ヘブライ語**で，そして『新約聖書』の原典は**コイネー**（ギリシア語）で記された。

③正文。**カタコンベ**は古代ローマ時代の地下墓所で，**キリスト教徒迫害期**には迫害を逃れたキリスト教徒の**礼拝所**として使用された。

④誤文。**ウィクリフ**（イギリスの神学者で，宗教改革の先駆者）は**コンスタンツ公会議**（1414〜18年：大シスマを解決するため開催された会議）で異端とされた。なお，**クレルモン宗教会議**（公会議）では十字軍の派遣が決議された（1095年）。

46 正解は②・⑥

①誤文。中世ヨーロッパで重用された医学書は『**医学典範**』で，**イブン=シーナー**（アヴィケンナ）が著した（11世紀前半）。**イブン=サウード**（アブド=アルアジーズ）はサウジアラビア王国の建国者。

②正文。中世ヨーロッパの大学には専門課程として，**医学・法学・神学**の3学部が設置された。**サレルノ大学**は南イタリアにある中世最古の大学の一つで，医学で知られ，12世紀には西欧医学教育の頂点に立った。

③誤文。**種痘法**はイギリスの医者**ジェンナー**が発明した（18世紀末）。**ラヴォワジェ**はフランスの化学者で，**質量保存の法則**を発見した（18世紀後半）。

④誤文。血液の循環を立証したのはイギリスの生理学者ハーヴェー（17世紀）。リンネはスウェーデンの学者で，動植物の分類学の基礎を確立した（18世紀）。

⑤誤文。X線はドイツの物理学者レントゲンが発見した（19世紀末）。フランスのキュリー夫妻は物理・化学者で，ラジウムを発見した（19世紀末）。

⑥正文。コッホはドイツの医学・細菌学者で，結核菌やコレラ菌などを発見し（19世紀後半），近代細菌学の祖とされる。

47　正解は③

①誤文。「ハイネ」が誤り。『若きウェルテルの悩み』や『ファウスト』はドイツ古典主義の作家ゲーテの著作。ハイネはドイツのロマン派の詩人で，『歌の本』を著した。

②誤文。「ワーズワース」が誤り。ギリシア独立戦争（1821～29年）に参加したイギリスのロマン派の詩人はバイロン。ワーズワースはイギリスのロマン派の詩人で，スコットランドの湖水地方で詩作した。

③正文。ドイツのロマン派の作曲家ワグナー（ヴァーグナー）は楽劇（オペラの一種）の創始者で，音楽・文学・舞踏などを統合した総合芸術論を唱え，「ニーベルングの指環」などで楽劇を完成させた。

④誤文。「ルノワール」が誤り。「落ち穂拾い」はフランスの自然主義の画家ミレーの代表作。ルノワールはフランスの印象派を代表する画家。

ワンポイント　オーストリアのロマン派の作曲家シューベルトは多くの歌曲を残し「歌曲の王」，ポーランドのロマン派の作曲家ショパンは多くのピアノ曲を残し「ピアノの詩人」と呼ばれた。

48　正解は③

①誤文。岩倉使節団は1871～73年に明治新政府により欧米へ派遣された。不平等条約の改正を目的の一つとしたが，これは果たせなかった。

②誤文。江華島事件は日本と朝鮮の間の武力衝突で，1875年に起こり，この事件の結果として翌76年日朝修好条規が結ばれ，日本は朝鮮を開国させた。なお，日清修好条規は1871年に結ばれ，日本と清は対等の外交関係を樹立した。

③正文。アメリカ合衆国の統治下にあった沖縄は，1972年日本に復帰した。この年，首相の田中角栄が中国を訪問し，日中共同声明により国交正常化を実現した。

④誤文。日本は1951年のサンフランシスコ平和条約で主権を回復した。その後，1956年の日ソ共同宣言によりソ連との国交を回復し，これを受けて同年12月に国連加盟を実現した。

49　正解は②

要約1～5より,「あるアフリカの国」とはリベリア共和国である。

①**不適**。「将校の指導」によるクーデタで王政が倒され共和国となったのは,リビア（1969年）。「将校」とは**カダフィ**大佐のこと。以後,カダフィによる独裁が続いたが,2011年のリビア内戦で体制は倒された（「アラブの春」の一環）。

②**正文**。リベリア共和国は要約3～5から,解放奴隷が入植して建国され,彼らが支配層となり,現在その子孫は少数派であることがわかる。一方,南アフリカ共和国ではアフリカーナーやイギリス領時代に入植した白人の子孫が支配層となり,現在でも黒人系住民に比べると少数派となっている。

③**不適**。要約1からリベリア共和国では1990年代に内戦が起こったとわかるが,南アフリカ共和国では1990年代に内戦は起こっていない。

④**不適**。「白人による人種隔離政策」である**アパルトヘイト**は南アフリカ共和国が行った非白人に対する人種差別政策で,リベリア共和国では行われていない。

第4章

第5章　資料読解問題　　演習問題

> 　分析と対策（→p. 8）で述べたように，共通テスト対策には資料読解問題の演習が欠かせません。資料読解問題に慣れるため，本章を活用してください。

▉　前近代編

50　次の**資料1・2**は，中国の王朝と近隣の国家との関係に関するものである（引用文は原文を一部省略したり，改めたりしたところがある）。これらの資料に関する問い(1)～(3)に答えなさい。

資料1　トルコ語碑文「ビルゲ＝カガン碑文」(735年建立)

> 天神のごとき天から生まれた突厥のビルゲ＝カガンとして，この時，私は即位した。ウテュケン(モンゴル高原にある聖山)の山林より良いところはない。国を保つべき地はウテュケンの山林である。この地に住んで，我々は中国の民と和睦した。彼らは金・銀・酒・　ア　を限りなく与える。中国の民の言葉は甘く，その　ア　は柔らかい。甘いその言葉，柔らかいその　ア　に欺かれて，多くの突厥の民が死んだ。その地に行くと，お前たち突厥の民よ，死ぬぞ！　ウテュケンの地に住んで，隊商を送るのであれば，お前たちにいかなる憂苦もない。

資料2　モンゴル語年代記『アルタン＝ハーン伝』

> アルタン＝ハーンが中国に出発して迫り，平等に大いなる政事を話し合うために駐営すると，中国の明皇帝は，モンゴルのアルタン＝ハーンに順義王という尊い称号を奉り，大いに金銀など諸々の財物と，莫大な量のさまざまな　ア　の衣服を与えた。アルタン＝ハーンをはじめ数多くの王侯たちは，規約を定めて中国とモンゴルの政事を協議して定めて，莫大な賞賜と交易品の望んだものを取って，引き揚げた。

（1）　資料中の空欄　ア　に当てはまる語 a・b と，**資料1**と**資料2**から読み取れ
る事柄あ・いとの組合せとして正しいものを，下の①〜④のうちから一つ選べ。

　　　　　ア　に当てはまる語

　　a　綿織物　　　　　　　　　　　　　　b　絹織物

読み取れる事柄

　　あ　中国王朝は，遊牧国家の武力を警戒する一方で，遊牧社会から物産を入手
　　　しようとしている。

　　い　遊牧国家は，漢人社会の経済に組み込まれることを警戒しながらも，中国
　　　王朝から物産を入手しようとしている。

①　a — あ　　　　　　　　　　②　a — い
③　b — あ　　　　　　　　　　④　b — い

（2）　**資料1**は，630 年に中国王朝に一度滅ぼされた後，復興した突厥で立てられた
碑文の一部である。この中国王朝について述べた文として最も適当なものを，次の
①〜④のうちから一つ選べ。

①　現住地で所有している土地・財産に対して課税する税制が採用された。
②　天子の力が衰え，有力な諸侯が，天子に代わって諸国を束ねた。
③　口語に近い文体で表現する，新しい文学運動が唱えられた。
④　人材を九等で評価して推薦する官僚登用法が採用された。

第5章

（3）　**資料2**は，中国の王朝と自国との関係を，自国の優位ないし対等とする立場から述べた歴史書の記述である。これとは異なる立場に立って書かれたと考えられる資料を，次の①〜④から一つ選べ。

① 隋に宛てた日本（倭）の国書

> 日出ずる 処（ところ） の天子が，書を日没する処の天子に致す，恙（つつが） はないか。

② 明に送った琉球国王の国書

> 琉球国王の 尚 巴志（しょうはし）が謹んで申し上げる。我が国は，父祖が太祖皇帝（洪武帝）から暦を頂戴して臣属して以来，今に至るまで五十数年，厚い恩を受け，折にふれ朝貢している。

③ ベトナムの黎朝が出した布告

> 我が大越の国は文を重んじる国であり，国土は別々である上に，習俗もまた南北（ベトナムと中国）で異なっている。趙・丁・李・陳（ベトナムの諸王朝）が我が国を興して以来，漢・唐・宋・元とそれぞれ並び立つ帝国をつくってきた。

④ チベットのラサに立てられた「唐蕃会盟碑」

> チベットと中国の両国は，現在支配している領域と境界を守り，その東方全ては大中国の領域，西方全てはまさしく大チベットの領域で，チベット人はチベットで安らかにし，中国人は中国で安らかにするという大いなる政事を結んで一つにした。

〔第2回プレテスト 世界史B・改〕

51 次の図は，14世紀から15世紀の北西フランスの人口変動を示したグラフである。このグラフに関する世界史授業の中での先生と生徒の会話文を読んで，下の問い（1）・（2）に答えなさい。

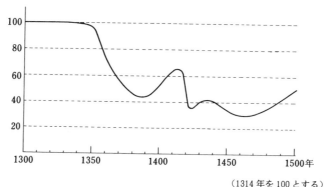

（1314年を100とする）
（G．ボワ『封建制の危機』より作成）

図

先　生：このグラフを使って，すでに学習した中世ヨーロッパ世界に起こった社会変動について考察してみましょう。

生　徒：14世紀後半から15世紀にかけての人口減少は，異常な感じですね。

先　生：確かにこの人口減少は，普通では考えられないものです。極端な人口減少の原因としてどんなことが考えられますか。

生　徒：そういえば，中世ヨーロッパでは14世紀半ば頃に①黒死病と当時呼ばれた伝染病のペストが流行したのですね。

先　生：伝染病の他にも人口が急減する理由は，考えられるかな。

生　徒：それは戦争ですね。中世のフランスが関わった戦争としては，②百年戦争が考えられます。

先　生：それでは，ペストの流行と百年戦争に着目して，このグラフが示すフランスの人口変動を読み取ることにしましょう。

（1）　下線部①に関連して，ペストは主にネズミに寄生するノミが媒介する伝染病とされている。12世紀から14世紀のヨーロッパでネズミが増えた原因と考えられる自然破壊について述べた文として最も正しいものを，次の①〜④のうちから一つ選べ。

第5章

① 三圃制農業による休耕地の消失で、作物が連作され、土壌を汚染した。

② 石炭・石油など化石燃料の消費によって、大気が汚染された。

③ 大開墾運動が行われ、森林面積が減少した。

④ 十字軍遠征によって、深刻な海洋汚染が起こった。

（2） 下線部②に関連して、上のグラフから読み取れる内容として正しいものを、次の①〜④のうちから一つ選べ。

① フランスの人口はペストの流行後の半世紀の間に激減し、この間最も減少した時にはアナーニ事件が起こった年のほぼ2分の1以下となった。

② ペストの流行による人口減少を打開するため、フランスは、イギリスとの百年戦争を始めた。

③ 百年戦争中、フランスはイギリス軍の侵攻を受け戦場になったことから、人口は継続して減少した。

④ 百年戦争の結果、人口が減少したフランスでは農民の地位が向上し、ジャックリーの乱が起こった。

〔1993 年度本試 世界史Ｂ・改〕

52 次の**史料**は、13 世紀末から 14 世紀初めにかけてシリアのダマスクスで活躍した法学者イブン=タイミーヤが記した文章の一節である（一部書き改めたり、省略したりしたところがある）。この文章を読み、この文章が記された目的として最も適当なものを、次の①〜④のうちから一つ選べ。

史料

> 彼ら（モンゴル人）の大多数は、ムスリム（イスラーム教徒）を名のる者からなるが、礼拝をする者はごく少数である。彼らは、たとえ神とその使徒の敵である信仰なき者でも、モンゴル帝国のために戦うかぎり、これを賞賛し自由にふるまわせる。逆にモンゴル帝国に反抗すれば、それが善良なムスリムであってもこれと戦うことを認める。また、彼らは啓典の民にジズヤを課すこともない。彼らの多くは、ムスリムの生命・財産に手をつけ、さらに、礼拝・喜捨・巡礼などの義務を守らない。このような人々との戦いは、ムスリム全体に合意された義務である。

① ヨーロッパに侵攻したモンゴル軍に対して，西欧諸国への援助をムスリムに呼びかけるため。

② ビザンツ帝国に対モンゴル同盟を提案するため。

③ ティムールの大軍に対して，ダマスクス防衛をムスリムに呼びかけるため。

④ イル=ハン国のモンゴル軍に対する聖戦（ジハード）をムスリムに呼びかけるため。

〔1993 年度本試 世界史Ｂ・改〕

53 14 世紀のヨーロッパでは，政治・宗教上の変化や自然環境の悪化などにより多くの対立が生じた。14 世紀のヨーロッパ諸国を示した次の地図から読み取れる対立について述べた文として正しいものを，下の①〜④のうちから一つ選べ。

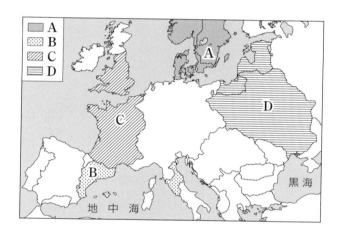

① 地図中Ａの地域では，バルト海貿易を支配するハンザ同盟に対抗するため，カルマル同盟（カルマル連合）が結成された。

② 地図中Ｂの地域では，２人の教皇が並び立ったため，教会大分裂（大シスマ）が始まった。

③ 地図中Ｃの地域では，フィリップ２世に敗れたジョン王が，広大な大陸領土を失った。

④ 地図中Ｄの地域では，ドイツ騎士団領の拡大に対抗し，ポーランドはロシアと同君連合を結成した。

〔本書オリジナル〕

54　次の2つの地図は，16世紀中頃と18世紀中頃のヨーロッパ諸国を示している。この地図に関する先生と生徒A・Bの会話文を読んで，下の問い（1）〜（5）に答えなさい。

16世紀中頃のヨーロッパ　　　　　　　18世紀中頃のヨーロッパ

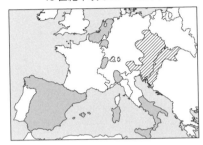 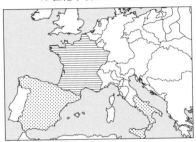

先　生：16〜18世紀のヨーロッパで主権国家体制が形成されたことは，すでに学習していますが，上の2つの地図から，この時代の覇権国家の推移とこれに対する周辺諸国の動きについて考察してみてください。

生徒A：16世紀中頃の地図の ▨▨▨ と ▨▨▨ は，①当時覇権を握っていたハプスブルク家の所領を示していると思います。

生徒B：この大所領は，これに挟まれたフランスなどの周辺諸国にとって大きな脅威だったと考えられます。

生徒A：フランスがイスラーム教国のオスマン帝国と同盟を結んだのは，この脅威に対抗するためだったのかもしれません。②フランスと神聖ローマ帝国の対立というヨーロッパ国際関係にオスマン帝国が密接にかかわっていたと思います。

先　生：二人とも，良い視点に気がついたと思います。国際関係では，特定の国の勢力が大きくなりすぎると，周辺諸国がそれを抑えようとする「勢力均衡」の原理が働くことがよくあります。

生徒B：③ハプスブルク家の権威は，17世紀前半のドイツで起こった三十年戦争において失墜しました。ということは，この戦争で勢力を拡大した国が次の覇権を握ったということですね。

生徒A：18世紀中頃の地図の ▤▤▤ と ▦▦▦ は，フランスやスペインなどにあたるので ④ 家の支配領域と考えられます。三十年戦争でアルザス地方を獲得して勢力を拡大したフランス王ルイ14世が侵略戦争を展開したのは，④ 家による覇権確立の過程での出来事だったんですね。

生徒B：そうなると，この覇権確立に対しても「⑤勢力均衡」の原理は働いたと考え

られます。

生徒A：そういえば，イギリスで名誉革命が起こったとき，メアリ 2 世とともに夫の
オランダ総督ウィレムが即位したのは，フランスの強大化を警戒するイギリ
スとオランダの提携だったのかもしれませんね。

（1）　下線部①に関連して，ハプスブルク家が覇権を握っていく契機となった出来事
について述べた文として正しいものを，次の①〜④のうちから一つ選べ。

    ① カルロス 1 世が，神聖ローマ皇帝位を継承した。
    ② 金印勅書に，ハプスブルク家の帝位世襲が定められた。
    ③ オットー 1 世が，教皇からローマ皇帝の冠を受けた。
    ④ スペインの無敵艦隊が，イギリス艦隊を撃破した。

（2）　下線部②に関連して，16 世紀の神聖ローマ帝国について述べた次の文 a と b
の正誤の組合せとして正しいものを，下の①〜④のうちから一つ選べ。

    a　神聖ローマ帝国内で，ルター派の信仰が公認された。
    b　オスマン帝国軍が，ベルリンを包囲した。

    ① a － 正　　　b － 正
    ② a － 正　　　b － 誤
    ③ a － 誤　　　b － 正
    ④ a － 誤　　　b － 誤

（3）　下線部③を裏付ける講和条約の内容について述べた文として正しいものを，次
の①〜④のうちから一つ選べ。

    ① ロシアが領土を獲得し，バルト海の覇権を握った。
    ② スイスとベルギーの独立が国際的に承認された。
    ③ 神聖ローマ帝国内の領邦が，ほぼ完全な主権を獲得した。
    ④ マリア=テレジアが退位してヨーゼフ 2 世が即位した。

（4）　空欄　　④　　に入るべき名称として正しいものを，次の①〜④のうちから一つ
選べ。

    ① ブルボン　　② カペー　　③ ヴァロワ　　④ オルレアン

第5章

（5）　下線部⑤について述べた次の文aとbの正誤の組合せとして正しいものを，下の①〜④のうちから一つ選べ。

　　a　イギリスの覇権に対し，勢力均衡を図るフランスとスペインはアメリカ独立戦争で植民地側に立って参戦した。
　　b　イギリスは，ロシアに対する勢力均衡を図るため，三国協商を形成した。

　　①　a 一正　　　b 一正
　　②　a 一正　　　b 一誤
　　③　a 一誤　　　b 一正
　　④　a 一誤　　　b 一誤

〔本書オリジナル〕

55　次の文章は，6世紀のトゥール司教グレゴリウスが著した『歴史十巻』の中の一節である（引用文は原文を一部省略したり，改めたりしたところがある）。この資料に関する問い(1)・(2)に答えなさい。

　　王妃クロティルドは，まことの神を認め偶像を放棄するよう，王クローヴィスを説得し続けた。しかし，ある時アラマン人との戦いが起こるまで，どうしても王の心を揺り動かしてその信仰へ向けることはできなかった。（中略）すなわち，次のようなことが起こったのである。双方の軍隊が衝突し，激しく戦闘が行われた。やがて，クローヴィスの軍隊は壊滅しかけた。彼はそれを見て，空をあおぎ，悔恨の念にかられ，涙にかきくれて言った。「イエス＝キリストよ。あなたの助力という栄光を切実に懇願します。この敵に私を勝たせてくれるならば，（中略）私はあなたを信じ，あなたの名のもとに洗礼を受けます。というのも，私が助力を嘆願した神々は，私を助けてはくれませんでした。そのため，私の神々は従っている者たちを助けず，信奉者たちへ何の力も及ぼさないと思います」。彼がこのように言った時，アラマン人が背を向けて，逃走し始めた。そして，自分たちの王が殺されたのを見てとると，クローヴィスの権力に服した（中略）。
　　そこで王妃は，ランス市の司教である聖レミギウスを密かに呼び寄せ，王に救いの言葉を教え込むように懇願した。司教は王を密かに招き，天と地の創造者であるまことの神を信じ，王や他の者にとって無益な偶像を放棄するよう彼に説き始めた。（中略）最初に王が司教から洗礼を授かることを申し出て，（中略）新しい

　　ア　　として洗礼所へ進み出た。洗礼を始める時，神の聖者は雄弁な口調で次のように彼に語りかけた。「シガンベル人*よ，静かに首(こうべ)を垂れなさい。あなたが燃やしたものを崇(あが)め，あなたが崇めていたものを燃やしなさい」。

*シガンベル人：フランク人の別名。

（1）　この文章から読み取れる内容として適当なものを，次の①〜④のうちから一つ選べ。

　　　①　クローヴィスは，ローマ教皇からローマ皇帝の帝冠を受けた。

　　　②　クローヴィスは，王妃を説得して改宗させようとしたが，拒否され続けた。

　　　③　クローヴィスは，神に対し，精神的な救いよりも現実的な力の強さを求めた。

　　　④　クローヴィスは，レコンキスタの一環としてアラマン人と戦った。

（2）　文章中の空欄　　ア　　に入れる人の名として適当なものを，次の①〜④のうちから一つ選べ。

　　　①　サラディン(サラーフ＝アッディーン)

　　　②　トマス＝アクィナス

　　　③　コンスタンティヌス

　　　④　ディオクレティアヌス

〔第1回プレテスト　世界史Ｂ・改〕

第5章

56　次の図は，前4世紀から20世紀末までの2300年余りにわたる中国の人口の推
計値を，折れ線グラフにしたものである。このグラフに示されている人口動態
は，歴代の王朝交替のたびに人口の増減を繰り返しながら，長期的には人口規模を拡
大させてきた中国社会の特質を，よく映し出している。このグラフに関する問い(1)
〜(3)に答えなさい。

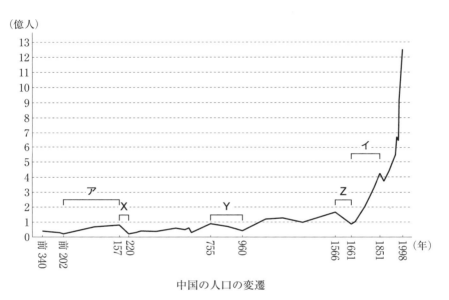

中国の人口の変遷

(路遇・藤沢之『中国人口通史』より作成)

(1)　グラフ中の**ア・イ**の時期と，その時代における人口増加の要因について述べた
文との組合せとして正しいものを，下の①〜④のうちから一つ選べ。

a　江南地方の開発の進展や米の新種の導入によって，穀倉地帯が形成された。

b　山地や砂地で栽培できるトウモロコシやサツマイモなどの外来作物が普及
し，増加した人口を支える食料源となった。

c　農地の囲い込みが行われ，穀物栽培の効率が向上した。

d　王朝や豪族の主導の下，鉄製農具や牛耕農法の普及によって農地の開拓が
進み，農業生産力が高まった。

①　**ア**ー**a**　　　②　**ア**ー**c**　　　③　**イ**ー**b**　　　④　**イ**ー**d**

（2）　グラフ中のＸ・Ｙの時期には，人口減少が見られる。その原因や，人口減少という状況に対して取られた対応について述べた文として最も適当なものを，次の①～④のうちから一つ選べ。

①　Ｘの時期は，大規模な反乱をきっかけとして，政治・社会の安定が失われたことが原因の一つと考えられる。

②　Ｘの時期には，現住地で所有している土地・資産に基づいて課税する税制が導入された。

③　Ｙの時期は，外国遠征の失敗や大運河の建設負担によって反乱が広がり，王朝が倒れたことが原因の一つと考えられる。

④　Ｙの時期には，戦争捕虜を奴隷として使役する大農場経営が行われた。

（3）　グラフ中のＺの時期には，世界の他の地域でも人口減少が見られた。その時期に世界の他の地域で見られた人口減少と関連した社会不安の状況を調べるための資料として適当なものを，次の①～④のうちから一つ選べ。

①　強制栽培制度の行われた地域における飢饉の発生数の統計

②　ゲルマン人の移動経路を示した地図

③　ラダイト運動（機械打ちこわし運動）の発生件数の推移を示したグラフ

④　三十年戦争におけるドイツの死者数の統計

〔第１回プレテスト　世界史Ｂ・改〕

第5章

■ 近現代編

57 次の絵はジョン゠ガスト作の「アメリカの進歩」（1872年）である。この絵に関する先生と生徒A・Bの会話文を読んで，下の問い（1）〜（6）に答えなさい。

写真提供：ユニフォトプレス

先　生：この絵は，19世紀後半のアメリカ合衆国における西部開拓の理想を描いたものです。この絵から，西部開拓の特色を読み取り，これまでの世界史の授業で学習した内容を踏まえて話し合ってみましょう。

生徒A：私が一番注目したいのは，画面中央に大きく描かれている女神です。この女神が片手に抱えているのは，聖書でしょうか。そうだとすると，授業で学習した，西部開拓を正当化する　①　という言葉の意味がよくわかります。

生徒B：僕も女神に着目します。女神がもう一つの手で引っ張っているのは電線のようです。アメリカ合衆国では，②広大な西部にも開拓と同時に電線が張り巡らされていたとわかります。

先　生：二人とも，良いところに着目していると思います。ほかに気がついたことはありますか？

生徒B：画面右には，中ほどと後方に蒸気機関車が見えるので，アメリカ合衆国では，駅馬車に代わって鉄道が整備されていたとわかります。アメリカ合衆国で③大陸横断鉄道が開通したのが1869年なので，この絵に描かれているのは自然ですね。

生徒A：確かこの大陸横断鉄道には，太平洋を横断し，1872年に西海岸のサンフランシスコに入港した　④　を団長とする日本の使節団が乗車してシカゴまで赴いたんですよね。

生徒B：あと，気になっているのは，画面左に描かれている先住民とバッファローが
　　　　開拓者やカウボーイによって追い立てられていることです。

生徒A：アメリカ合衆国の発展にとっては「栄光の歴史」であった西部開拓も，先住
　　　　民にとっては「悲劇の歴史」だったことを暗示しているのかもしれませんね。

先　生：とても鋭い分析ですね。これから皆さんは，帝国主義時代について学習する
　　　　のですが，⑤先住民だけでなく黒人の歴史や，列強の植民地となったアジア
　　　　やアフリカなどの人々の立場も常に視野に入れた歴史の考察をしてください。

（1）　□①□に当てはまる言葉を，次の①〜④のうちから一つ選べ。

　　　① 明白な天命
　　　② フロンティア精神
　　　③ 黄金の時代
　　　④ 大いなる西部

（2）　下線部②に関連して，当時のアメリカ合衆国に普及していた機器として正しい
　　　ものを，次の①〜④のうちから一つ選べ。

　　　① 電信機　　　　② ラジオ　　　　③ テレビ　　　　④ 冷蔵庫

（3）−1　下線部③に関連して，1869 年に開通した大陸横断鉄道のルートとして正
　　　しいものを，次の地図中の①〜④のうちから一つ選べ。

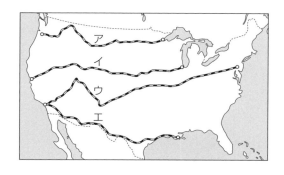

　　　① ア　　　　　　② イ　　　　　　③ ウ　　　　　　④ エ

（3）－2　次の表は，イギリス・アメリカ合衆国・ロシア・ドイツの鉄道敷設距離の
　　　　推移を示したものである。a～dの中でドイツに該当するものとして適当なもの
　　　　を，次の①～④のうちから一つ選べ。

※植民地を除く　単位：1000マイル

国名	鉄道開通年	1840年	1860年	1880年	1900年	1920年
a	1830年	2.82	30.63	93.27	193.37	252.87
b	1837年	0.02	0.67	11.0	27.65	44.49
c	1835年	0.34	7.18	20.2	32.39	35.85
d	1825年	1.48	9.07	15.56	18.67	20.33

（『近代国際経済要覧』東京大学出版会より作成）

①　a　　　　　　②　b　　　　　　③　c　　　　　　④　d

（4）　┃④┃に当てはまる人名を，次の①～④のうちから一つ選べ。

①　西郷隆盛　　　②　岩倉具視　　　③　西園寺公望　　　④　小村寿太郎

（5）　下線部⑤について述べた次の文aとbの正誤の組合せとして正しいものを，下
　　　の①～④のうちから一つ選べ。

　　a　先住民は，強制移住法によって居留地（保留地）に移動させられた。
　　b　黒人は南北戦争後，シェアクロッパーとなり自営農化した。

①　a－正　　　b－正　　　　　　②　a－正　　　b－誤
③　a－誤　　　b－正　　　　　　④　a－誤　　　b－誤

（6）　先生と生徒A・Bの会話文から読み取れる内容として適当なものを，次の①～
　　　④のうちから一つ選べ。

①　アメリカ合衆国では，「領土を太平洋岸にまで拡大することは，神から与え
　　られた使命である」と主張された。
②　欧米諸国の視察を目的とする明治政府の使節団は，ヨーロッパ諸国を訪れた
　　後に続けて，アメリカ合衆国を訪問した。
③　大陸横断鉄道によって東部との経済的結びつきを強めた西部の支配をめぐり，
　　南北戦争が起こった。

④　アメリカ合衆国の黒人は，合衆国憲法が制定されたときに参政権が認められていた。

〔本書オリジナル〕

58　あるクラスの世界史の授業で，19世紀のイギリス家庭に関連した学習を行っている。

資料

第5章

先　生：**資料**は，1846年に描かれた，イギリスのヴィクトリア女王の家族の絵です。これは，当時の社会の状況と中・上流階級の家族観を表しています。それは，どのようなものだと思いますか？

下線部に関連して，当時の社会の状況について述べた文**a・b**と，当時の家族観について述べた文**あ・い**との組合せとして正しいものを，下の①～④のうちから一つ選べ。

当時の社会の状況

a　国王は「君臨すれども統治せず」を原則とするイギリスでは，王室に，国民生活やイギリス社会の手本を示す役割が期待されていたと考えられる。

b　ドイツ皇帝が打ち出していた世界政策への対応を迫られていたイギリスでは，王室に，イギリスの強さを示す役割が期待されていたと考えられる。

当時の家族観

あ　この肖像画の背景には，女性が良き妻・母であることを理想とする家族観
があると考えられる。

い　この肖像画の背景には，戦争による労働力不足を補うために，女性も工場
など家庭の外で働くことが望ましいとする家族観があると考えられる。

① ａ ― あ

② ａ ― い

③ ｂ ― あ

④ ｂ ― い

〔第1回プレテスト　世界史Ｂ・改〕

59　海外旅行の候補地としてカナダに興味を持った林さんは，カナダでは1969年
に制定された公用語法によって，英語とフランス語を公用語とする二言語政策
を採っていることを知った。この政策は，ヨーロッパ人による入植以降の北アメリカ
大陸の歴史を反映したものであり，近年では外国からの移民の増加に伴って，英語・
フランス語以外の言語を第一言語とする人々が増加の傾向にあるという。そこで，林
さんは下調べのために図書館へ行き，カナダの言語事情に関する次の資料を見つけて，
メモ作りを始めた。この資料に関する問い(1)・(2)に答えなさい。

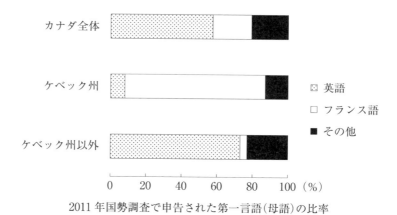

2011年国勢調査で申告された第一言語(母語)の比率

（1）　林さんは，2011 年国勢調査における第一言語の比率について，その歴史的な要因を考えて，次の**メモ1**を作った。**メモ1**中の空欄　　ア　　と　　イ　　に入れる文 a～d の組合せとして正しいものを，下の①～⑧のうちから一つ選べ。

メモ1

- カナダ全体で，第一言語の比率が資料のようになっているのは，
  　　ア　　ことが要因だと考えられる。
- ケベック州で，第一言語の比率が資料のようになっているのは，
  　　イ　　ことが要因だと考えられる。

歴史的な要因

a　史上初の黒人共和国になるまで，フランスの植民地であった

b　イギリス連邦の成立まで，イギリスに従属する植民地であった

c　ブルボン朝の時代に，フランスの植民地が建設された

d　プラッシーの戦いの結果，イギリスによる支配の基礎が築かれた

① アー a　　イー b
② アー a　　イー c
③ アー b　　イー c
④ アー b　　イー d
⑤ アー c　　イー d
⑥ アー c　　イー a
⑦ アー d　　イー a
⑧ アー d　　イー b

第5章

（2）　林さんは，上の国勢調査でその他の言語を第一言語として申告した人々には，アジア系の移民が多く含まれていることを知った。アジアから北アメリカ大陸への移民に関する次の**メモ2**中の空欄　　ウ　　と　　エ　　に入れる語句の組合せとして正しいものを，下の①～④のうちから一つ選べ。

メモ2

> 　アジアからアメリカ合衆国への初期の移民の多くは中国人であり，1860年代の西部での　　ウ　　のための労働力需要を支えた。中国人に続いて，日本人の移民も増加した。しかし，新たな移民に対する反感が強まり，1920年代には，人種偏見を背景として，　　エ　　移民法が制定された。

① ウ ― 大陸横断鉄道の建設　　エ ― アジア系の移民を禁止する

② ウ ― 大陸横断鉄道の建設　　エ ― 特定の居住地に強制移住させる

③ ウ ― パナマ運河の開削　　エ ― アジア系の移民を禁止する

④ ウ ― パナマ運河の開削　　エ ― 特定の居住地に強制移住させる

〔第2回プレテスト　世界史B・改〕

60 あるクラスで，鉄道の歴史に関する主題学習を行っている。

　先　生：19 世紀の鉄道の歴史に関係する統計資料を用意しました。**表**を見て気
　　　　　付いたことを発表してください。

表　鉄道営業キロ数

(単位：km)

年	イギリス	フランス	ドイツ	ロシア	インド	アルジェリア
1830	157	31	0	0	0	0
1840	2,390	410	469	(注2)27	0	0
1850	9,797	2,915	5,856	501	(注3)32	0
1860	14,603	9,167	11,089	1,626	1,341	(注4)49
1870	(注1)21,558	15,544	18,876	10,731	7,634	265
1880	25,060	23,089	33,838	22,865	14,666	1,310
1890	27,827	33,280	42,869	30,596	26,208	3,042
1900	30,079	38,109	51,678	53,234	39,531	3,587

(B.R.ミッチェル編『マクミラン世界歴史統計』，T. Banerjee, *Internal Market of India,
1834-1900* より作成)
注記号を付けた数値については，(注1)1871 年，(注2)1838 年，(注3)1853 年，(注4)1862 年の
データを使用。なお，ドイツの鉄道には，オーストリアの鉄道を含まない。アルジェリアの鉄
道には，チュニジアの鉄道を含む。

　豊　田：ドイツとロシアの鉄道営業は，1830 年にはまだ始まっていません。

　岡　田：やがてそのロシアの鉄道営業キロ数が，**表**中の他のどの国よりも大きく
　　　　　なります。ロシアは，その頃までに　┃　**ア**　┃　います。

　先　生：ドイツの鉄道建設は，ドイツ関税同盟の発足と同じ頃に始まります。当
　　　　　時のドイツには，　┃　**イ**　┃　という関税同盟と同様の役割を，鉄
　　　　　道に期待した人もいました。
　　　　　では，**表**から言えることを，**パネル**にまとめてください。

（1）　上の会話文中の空欄 ア に入れる語句**あ・い**と，空欄 イ に入れる文**X・Y**との組合せとして正しいものを，下の①〜④のうちから一つ選べ。

ア に入れる語句

あ　シベリア鉄道の建設を開始して

い　東清鉄道の一部の利権を日本から譲渡されて

イ に入れる文

X　諸邦の分立状態からの統一を促進する

Y　植民地などを含めた排他的な経済圏を作る

①　あ—X　　②　あ—Y　　③　い—X　　④　い—Y

（2）　生徒たちがまとめた次の**パネル**の正誤について述べた文として最も適当なものを，下の①〜④のうちから一つ選べ。

豊田さんのパネル

表中のイギリス植民地における鉄道営業キロ数が，1900年にはイギリス国内の鉄道営業キロ数を上回っていた。

岡田さんのパネル

七月王政下のフランスにおいて，鉄道営業キロ数がイギリスの3分の1以下，ドイツの2分の1以下の年が表中にある。

早瀬さんのパネル

オスマン帝国の支配下に入る前から，アルジェリアでは鉄道が建設されていた。

①　豊田さんのみ正しい。　　②　豊田さんと岡田さんの二人が正しい。

③　三人とも正しい。　　④　三人とも間違っている。

〔2021年度本試第2日程　世界史B・改〕

61 第一次世界大戦について述べた次の文章を読み，下の問い(1)・(2)に答えな
さい。

　ベルリンに住む高校生のトビアスとニコラスは，歴史の授業で文書館を訪れた。そこで第一次世界大戦中のベルリンに関する展示を見て，会話を交わした。

資料1

> 諸君，余が王宮のバルコニーから国民に対し告げたことを諸君は読んだであろう。余は繰り返して述べよう。余はもはや党派なるものを知らぬ，ただドイツ人あるのみである。(嵐のようなブラボー！)そして，諸君が，党派の違い，地位や宗派の違いなく，苦楽を共にし，生死を共にすることによって，余のもとに団結することを固く決意していることの証として，各政党の党首が前に進み出て，余と握手して誓約するよう命じる。

資料2　1915年6月　ベルリン警察長官の「世情報告」

> マーガリンは，ますます品薄になり値上がりしています。野菜は，乾燥続きのため，また値上がりしました。その他の食料品は従来の高価格のままです。何らかの値下がりは期待できません。(中略)世間はこのような物価高に苦しんでいるでしょう。とりわけ，戦争の終結が予測できないためです。

資料3

> 11月4日月曜日，水兵蜂起についてのより正確な知らせがベルリンに届いた。キールでは，11月3日に，反乱した者の投獄から，水兵の暴動が起こり，水兵協議会が結成された。この知らせは，労働者の闘争心を高めるのに非常に有益だった。

第5章

トビアス：係の人の説明では，**資料1**は，1914年8月に，第一次世界大戦の始まりに際して皇帝が呼びかけた言葉みたいだけど，「余はもはや党派なるものを知らぬ」ってどういう意味だろう。

ニコラス：　ア　みたいだね。人々は開戦を熱狂的に支持したんだね。

トビアス：だけど，**資料2**も読むと，その熱狂も，戦争が長期化するとだんだんと冷めてきていることが分かるね。

ニコラス：それでも，その後3年も戦争が続くんだ。途中でアメリカ合衆国も参戦しているよね。**資料3**の反乱が全国に広がって，最終的には　イ　，戦争が終わるんだね。

トビアス：この戦争で，それまで世界を支配してきたヨーロッパ諸国は大きな打撃を受けて，代わってアメリカ合衆国が発言力を増すようになったそうだね。

（1）　会話文中の空欄　ア　と　イ　に当てはまる文の組合せとして適当なものを，次の①～④のうちから一つ選べ。

① ア ― ナチ党による一党独裁が行われること
　 イ ― ボリシェヴィキが権力を奪って

② ア ― 共産党による一党独裁が行われること
　 イ ― 14か条を受け入れて

③ ア ― どの政党・団体も戦争を支持すること
　 イ ― 皇帝が亡命して

④ ア ― 政党というものが理解できないこと
　 イ ― ヴァイマル憲法が制定されて

（2）　下線部に関連して，第一次世界大戦後，ヨーロッパでは新たな国境が，そして
西アジアではイギリス・フランスの委任統治領が確定された。それを正しく示した
地図の組合せとして適当なものを，次の①〜④のうちから一つ選べ。

ヨーロッパに生まれた新たな国境

あ　　　　　　　　　　　　　　　　　　　　い

西アジアに生まれた委任統治領

X　　　　　　　　　　　　　　　　　　　　Y

 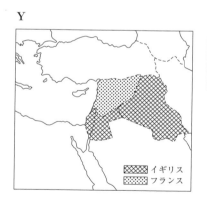

イギリス
フランス

イギリス
フランス

①　あ−X　　　　　　　　　　　②　あ−Y
③　い−X　　　　　　　　　　　④　い−Y

〔1993 年度本試・第 1 回プレテスト　世界史 B・改〕

62 ある授業において，次の二つのグループは，近代の教育制度に着目した。

（1）　後藤さんのグループでは，教育の目的について，次の**資料1・資料2**を取り上げて，ドイツと日本の事情について考察した。下線部ⓐの指している**ドイツの事例**として適当なもの**あ・い**と，下線部ⓑの指している**日本の事例**として適当なもの**う・え**と，**二つの資料に共通する意図**として適当なもの**a・b**との組合せとして正しいものを，後の①〜⑧のうちから一つ選べ。

資料1　フィヒテ『ドイツ国民に告ぐ』（1807〜1808年）

> 　（略）国家が国民教育を行えば，これが唯一の出費になるということを国家に確信させなければならない。（略）今まで，国家の収入の大半は常備軍の維持に費やされている。ⓐこの常備軍への出費の結果については既に見てきた。これでもう十分であろう。（略）これに対して，私たちが提案している国民教育を広く導入したならば，若者の世代が成長して教育を終了した瞬間から，国家は，特別な軍隊を全く必要としなくなり，今までにないような軍隊を持つことになるだろう。（略）さらに，国家が適切に労働者階級を助けることができれば，彼らは国家のことを即座に理解し，その指示を感謝を持って受け入れるのである。

資料2　森有礼の閣議提案（1887年）

> 　（略）今，国の品位をして進んで列国と肩を並べ永遠の偉業を固めようと欲すれば，国民の志気を培養発達するを以てその根本となさざるを得ない，これすなわち教育一定の標準ではないか，（略）顧みるに欧米の人民上下となく男女となく一国の国民は，各々一国を愛するの精神を存し，団結して解くことができない，（略）願わくばⓑ忠君愛国の意を全国に普及せしめ，一般教育の標準を達し，（略）そうすれば国の基礎を強固にし国勢を維持することに役立つところが多い。

　ドイツの事例
あ　ヴェルサイユ条約による軍備の制限
い　ナポレオン戦争におけるプロイセンの敗北

日本の事例
う　新体制運動の推進
え　教育勅語の発布

二つの資料に共通する意図
a　国民に教育を行き渡らせることで，国力を高めようと考えている。
b　教育を通して近隣諸国への理解を深め，国際協調を実現しようとしている。

	①	②	③	④	⑤	⑥	⑦	⑧
ドイツの事例	あ	あ	あ	あ	い	い	い	い
日本の事例	う	え	う	え	う	え	う	え
二つの資料に共通する意図	a	b	b	a	a	b	b	a

（2）　リンさんのグループでは，次の**資料3・資料4**を参考にして日本の義務教育制度の普及について考察し，これまでの学習内容も踏まえて**パネル**にまとめた。3人のパネルの正誤について述べた文として最も適当なものを，後の①～④のうちから一つ選べ。

資料3　小学校における児童の就学率の変遷

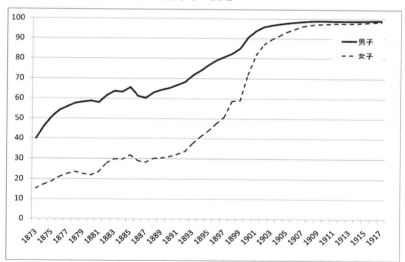

（『日本近代教育百年史』より作成）

資料4　学制（「学事奨励に関する被仰出書」）（1872年）

> （略）行いや人格を正しくして，知識を広げ，才能や技芸を伸ばすことは，学問によらなければ不可能なことである。これが学校が設置されている理由であって，（略）今から以後は，一般の人民は華族・士族・卒族・農民・職人・商人及び女性や子供の別なく，必ず村に学ばない家が一軒もなく，家には学ばない人が一人もいないようにしようとするのである。人の父兄である者は，この趣旨を十分認識し，その子弟を慈しみ育てる情を厚くし，子弟を必ず学校に通わせるようにしなければならない。

リンさんのパネル

> 1890年代に女子の就学率が急激に上昇している背景には，欧米の多くの国で女性に選挙権が与えられるようになり，日本でも，資料4でうたわれている目的が人々に受容されるようになったことがあったと考えられる。

一条さんのパネル

> 女子の就学率が常に男子よりも低い背景には，資料4にあるように，政府が女子への教育は不要であると考えていたことが影響したと考えられる。

早瀬さんのパネル

> 1910年頃に資料4の目的がほぼ達成された背景の一つとして，日清戦争後の近代産業の発展により国民生活が向上したことがあったと考えられる。

① リンさんのパネルのみ正しい。
② 一条さんのパネルのみ正しい。
③ 早瀬さんのパネルのみ正しい。
④ 全員のパネルが正しい。

〔サンプル問題　歴史総合・改〕

63　次の**資料**は，イギリス人作家ジョージ=オーウェルがスペイン内戦に人民戦線側で従軍した体験に基づいて著し，内戦のさなかに出版した書物の一節である。（引用文には，省略したり，改めたりしたところがある。）

資　料

> 7月18日に戦闘が始まった時，ヨーロッパの反ファシストの人々は皆，希望に身震いしたことだろう。ついに，この地で民主主義がファシズムに対して，はっきりと立ち上がったからだ。この10年に満たない数年間，民主的といわれる国々は，ファシズムに負け続けるという歴史を歩んできた。例えば，ⓐ日本人の望むままの行動が容認されてしまった。ヒトラーは権力の座に上りつめ，あらゆる党派の政敵の虐殺に手を付け始めた。そして，ⓑ53ほどの国々が戦争の舞台裏で偽善的な言い合いをしている間に，ムッソリーニはアビシニア人を爆撃した。しかしスペインでは，穏健な左翼政府が転覆されかかった時，予想に違って，スペインの人々は立ち上がったのだ。それは潮の変わり目のように思えたし，恐らくはそうだった。

　上の**資料**から窺えるように，オーウェルは，ヒトラーやムッソリーニの政権と同様に，同じ時期の日本の政権をファシズム体制だとみなしていた。ⓒ世界史の教科書には，これと同様の見方をするものと，日本の戦時体制とファシズムとを区別する立場から書かれているものとがある。どちらの見方にも，相応の根拠があると考えられる。

（1）　下線部ⓐは，オーウェルが，日本あるいは日本軍が関わった出来事を指して述べたものである。この出来事について述べた文として最も適当なものを，次の①～④のうちから一つ選べ。

①　ノモンハン事件で，ソ連軍に勝利した。
②　満州国（満洲国）を建国した。
③　台湾を獲得した。
④　真珠湾を攻撃した。

第5章

（２）　前の**資料**中で，ヒトラーが「虐殺」しようとした「あらゆる党派の政敵」と表現されている組織の一つと，下線部ⓑに関連した出来事について述べた文との組合せとして正しいものを，次の①〜④のうちから一つ選べ。

①　共産党 ― 国際連盟はイタリアの行為を非難したが，エチオピアに対する侵略を阻むことができなかった。

②　共産党 ― 九か国条約に基づいて，その締結国がイタリアを非難するにとどまり，エチオピアは植民地化された。

③　第1インターナショナル ― 不戦条約（ケロッグ＝ブリアン条約）は，イタリアによるリビアの併合を阻むことができなかった。

④　第1インターナショナル ― 国際連盟はイタリアに対して経済制裁を加えるにとどまり，リビアの併合を阻むことができなかった。

（３）　下線部ⓒについて議論する場合，異なる見方**あ・い**と，それぞれの根拠として最も適当な文**W〜Z**との組合せとして正しいものを，後の①〜⑥のうちから一つ選べ。

異なる見方

あ　スペイン内戦の時期から第二次世界大戦期にかけての日本の政権は，ファシズム体制だったと言える。

い　スペイン内戦の時期から第二次世界大戦期にかけての日本の政権は，ファシズムとは区別される体制だったと言える。

それぞれの根拠

W　ソ連を脅威とみなし，共産主義運動に対抗する陣営に加わった。

X　国民社会主義を標榜し，経済活動を統制した。

Y　政党の指導者が，独裁者として国家権力を握ることがなかった。

Z　軍事力による支配圏拡大を行わなかった。

①　あ ― **W**，い ― **Y**　　　　②　あ ― **X**，い ― **W**

③　あ ― **Y**，い ― **Z**　　　　④　あ ― **Z**，い ― **X**

⑤　あ ― **W**，い ― **Z**　　　　⑥　あ ― **X**，い ― **Y**

〔2022年度本試　世界史B・改〕

64 あるクラスの世界史の授業で，為替相場と原油価格に関する学習を行っている。

先　生：今日は，第二次世界大戦後の世界の動向を，経済資料から検証してみましょう。**グラフ1・2**に共通する特徴を挙げてください。

グラフ1　米ドルに対する日本円の為替相場の推移

グラフ2　国際原油価格の推移（1バレル当たり）

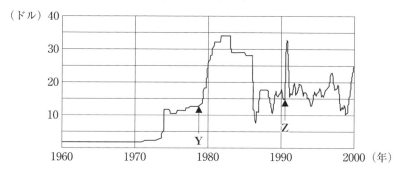

生　徒：両方とも，1970年頃までは値がほとんど動いていません。**グラフ1**については，　　　ア　　　ことが原因だと思います。**グラフ2**については，先進国の国際石油資本が原油価格の決定権を握っていたからだと思います。

先　生：その通りです。しかし，**グラフ1**については，矢印**X**の時期のアメリカ合衆国大統領がとった政策によって，状況が大きく変化しています。

生　徒：**グラフ2**でも，1970年から数年して，価格の変動が始まります。

先　生：よく気がつきましたね。**グラフ2**の矢印**Y**と矢印**Z**の時期の価格変動
　　　　は，中東地域の革命や戦争が関係しています。

（1）　生徒の発言中にある空欄　　　　　　**ア**　　　　　　に入れる文として最も適当なも
　　のを，次の①〜④のうちから一つ選べ。

　　　　①　世界貿易機関が，自由貿易のルールづくりを推進していた

　　　　②　米ドルに対する各国通貨の交換比率が固定されていた

　　　　③　アムステルダムが，国際金融の中心として機能していた

　　　　④　大国が，植民地を囲い込む経済ブロックを形成していた

（2）　下線部の人物の外交に関する事績として正しいものを，次の①〜④のうちから
　　一つ選べ。

　　　　①　ヨーロッパ諸国とアメリカ大陸の相互不干渉を表明した。

　　　　②　国交のない中華人民共和国を訪問し，関係改善に踏み出した。

　　　　③　共産主義陣営に対し，封じ込め政策を開始した。

　　　　④　ラテンアメリカ諸国に対し，善隣外交を展開した。

〔第2回プレテスト　世界史B・改〕

第 5 章　資料読解問題　解答解説

前近代編

50　（1）　**正解は④**　資料読解

空欄アに当てはまる語

a．**不適**。空欄アでは，中国から突厥に与えられたものが綿織物か絹織物かを問うている。綿織物は中国では主に日用品として生産・使用されており，インドなど他地域でも多く生産されているため交易品としての価値は低い。

b．**適切**。中国産の絹織物は高級品で，交易品としての価値が高かった。そのため，**突厥**など北方民族（その国家）は朝貢の返礼品として，あるいは馬などとの取引を通じて中国産の絹織物を入手し，これを西方へ運んで利益とした。絹の道（シルク=ロード）の名称をイメージしたい。

読み取れる事柄

あ．**誤文**。資料1・2では，中国王朝が突厥やモンゴルに物産を与える様子が述べられているが，「遊牧社会から物産を入手」しようとしている様子は述べられていない。

い．**正文**。資料1の「その地に行くと，お前たち突厥の民よ，死ぬぞ！」から，遊牧国家の突厥が「漢人社会…を警戒し」ていることが読み取れる。また，**資料2**の「規約を定めて…莫大な賞賜と交易品の望んだものを取って，引き揚げた」から，モンゴルが中国王朝（明）から「物産を入手」しようとしたことが読み取れる。

以上から，正解は④ b―いとなる。

（2）　**正解は①**　知　識

「630年」から，当時の中国王朝は唐（618〜907年）となる。

①正文。「現住地で所有している土地・財産に対して課税する税制」は両税法で，唐代の780年，それまでの**租庸調制**に代わって採用された。

②不適。天子とは中国王朝・国家における最高支配者（君主）の称号で，周（西周）代に初めて登場した。この「天子の力が衰え」，「天子に代わって諸国を束ねた」「有力な諸侯」とは覇者で，東周期の春秋時代に活躍した。

③不適。「口語に近い文体で表現する，新しい文学運動」とは白話文学運動（口語文学運動，文学革命）で，中華民国時代の1917年に**胡適**が提唱した。

第5章

④**不適**。「人材を九等で評価して推薦する官僚登用法」とは九品中正で，魏が採用し，魏晋南北朝時代を通じて実施された。なお，唐は**科挙**を実施した。

（3）　正解は② 　資料読解

言葉遣いから対外関係における相手の位置づけを読み取ろう。

①**不適**。日本（倭）が，中国皇帝と同じ称号「天子」を使用していることから，**対等の立場**で書かれた外交文書といえる。これは，日本（倭）の聖徳太子が607年に隋の煬帝に宛てた国書で，『隋書』に記録されている。

②**適切**。琉球国王の尚巴志からの国書で，琉球が明の太祖皇帝（洪武帝）に「臣属して以来」，「折にふれ**朝貢している**」とある。これは中国皇帝を自らの主君とすることだから，中国に対して自国を下位に置く立場（「自国の優位ないし対等とする立場」とは異なる立場）で書かれたといえる。

③**不適**。黎朝が出した布告には，ベトナムの諸王朝が「漢・唐・宋・元とそれぞれ並び立つ帝国をつくってきた」と記されており，ベトナム諸王朝と中国諸王朝の間には優劣が存在しないという**対等の立場**で書かれた布告と判断できる。

④**不適**。チベットと中国は互いの「領域と境界を守り」として，両者のすみ分けを記しているから，両者を「対等とする立場」で書かれたといえる。「唐蕃会盟碑」はそれまで抗争していた吐蕃（チベット）と唐（中国）の間に対等の立場で講和が成立したため，これを記念して9世紀前半に建立された。

51　（1）　正解は③ 　背景推察

①**誤文**。三圃制農業は耕地を**秋耕地・春耕地・休耕地**に3分して，3年で一巡させる農法。この農法は連作を避け，土壌の消耗を防いだ。

②**時期が誤り**。石炭・石油など化石燃料が消費され，大気汚染が起こったのは，産業革命期の18世紀後半以降のことである。

③**正文**。12〜14世紀のヨーロッパでは，農業生産力の向上を背景として**シトー修道会**などを中心に大開墾運動が行われ，森林が破壊されて農地とされていった。この結果，野ネズミの天敵で森林に住む鳥獣も減少した。

④**誤文**。**十字軍遠征**は，11世紀末〜13世紀末に行われた聖地イェルサレム奪回を目的とした軍事遠征であり，海洋汚染とは直接関係はない。

（2）　正解は① 　資料読解

①**正文**。中世ヨーロッパで**ペスト**が流行したのは**14世紀半ば頃**である。アナーニ事件が起こった1303年は基準の1314年と同じ100である。グラフの14世紀後半を見ると，50以下まで減少している時期があることがわかる。

②誤文。ペストが流行した 14 世紀半ば頃は，**1339 年に始まった百年戦争**のさなかであることから，ペストの流行を百年戦争の原因とするのは誤りである。

③誤文。**百年戦争の期間は 1339～1453 年**であるが，グラフでは 15 世紀前半にフランスで 2 度人口が増加した時期があると確認できる。

④誤文。フランスでジャックリーの乱が起こったのは **1358 年**であり，これは百年戦争の前半期にあたる。

52　正解は④　資料読解

　この**史料の著者**は「13 世紀末から 14 世紀初めにかけてシリアのダマスクスで活躍した」とあり，史料の「**モンゴル人**」「**モンゴル帝国**」から，この文章は，当時シリアを含む西アジアを支配していた**イル＝ハン国**（1258～1353 年）における状況を述べていると判断したい。

　モンゴル人が「ムスリムの生命・財産に手をつけ」という箇所からも現地がモンゴル人の支配下にあることが理解できる。そして，モンゴル人との「戦いは，ムスリム全体に合意された義務」としているのだから，モンゴル人の支配に対して現地ムスリムが抵抗するように呼びかけていることがわかる。

　以上から史料はイル＝ハン国の支配に対して現地ムスリムへ抵抗を呼びかけていると考えられ，正解は④と判断できる。

①不適。モンゴル軍がヨーロッパに侵攻したのは，**ワールシュタットの戦い**（1241 年）である。このことを想起すれば，13 世紀前半だから，史料の時期と対応しない。

②誤り。ビザンツ帝国は**ギリシア正教**の国で，イスラーム勢力と長く抗争していたから，ムスリム側から「同盟」を提案することはない。

③不適。ティムール朝の成立は 14 世紀後半（1370 年）で，14 世紀末からティムール軍はシリアを含む西アジアへ侵入しており，史料の時期と対応しない。

　以上から，消去法でも正解は④と確定できる。

ワンポイント　史料に「彼ら（モンゴル人）の大多数は，ムスリム（イスラーム教徒）を名のる者」とあるのは，イル＝ハン国のガザン＝ハンがイスラーム教を国教としたことによる。

53　正解は①　資料読解　知　識

①正文。地図中 A の地域は，**デンマーク・ノルウェー・スウェーデンの北欧 3 国**にあたり，14 世紀に全盛期を迎えていたハンザ同盟とバルト海貿易をめぐり対立していたことから，1397 年に**カルマル同盟（カルマル連合）**を結成した。

②誤文。**教会大分裂（大シスマ）**は 1378 年，ローマと南フランスのアヴィニョ

ンに教皇が並び立ち，それぞれが正統性を主張したことで始まり，ローマ教会を分裂させた。地図中Bはローマ教皇領とイベリア半島のアラゴン王国である。

③**時期が誤り**。地図中Cの地域はイングランドとフランスなので，**フランス王フィリップ2世にイギリス王ジョン**が敗れたことは史実であるが，両者の戦いは**13世紀初めの出来事**である。

④**誤文**。地図中Dの地域は，**ドイツ騎士団領**とこれに対抗した同君連合王国の**リトアニア=ポーランド王国（ヤゲウォ朝）**を示している。

54

（1）　正解は①　知識

①**正文**。スペイン王であった**カルロス1世**が，1519年に**神聖ローマ皇帝位**を継承して**カール5世**として即位したことにより，ハプスブルク家はスペインとドイツにまたがる広大な領土を支配することとなった。

②**誤文**。1356年の**金印勅書**は，神聖ローマ帝国の皇帝選出資格をもつ7人の選帝侯を定めたものである。

③**誤文**。962年にザクセン朝の**オットー1世**が教皇からローマ皇帝の冠を受けた。このことは神聖ローマ帝国成立の起源となる。

④**誤文**。1588年の**アルマダ海戦**では，イギリス艦隊がスペインの無敵艦隊を撃破した。なお，この時期のイギリスはエリザベス1世時代。

（2）　正解は②　知識

a．**正文**。オスマン帝国の**スレイマン1世**がハンガリーを攻略してオーストリアに侵入したことから，神聖ローマ皇帝**カール5世**は**ルター派と一時妥協**した。その後**ルター派**は，シュマルカルデン戦争を経て，1555年のアウクスブルクの和議で公認された。

b．**誤文**。オーストリアに侵攻したオスマン帝国軍が包囲したのは，ベルリンではなく**ウィーン**である（1529年：**第1次ウィーン包囲**）。

（3）　正解は③　資料読解　知識

三十年戦争の講和条約は**ウェストファリア条約**である。

①**誤文**。ウェストファリア条約によりドイツ北岸の西ポンメルンを獲得し，「バルト帝国」を形成したのはロシアではなく**スウェーデン**である。

②**誤文**。ウェストファリア条約で独立が国際的に承認されたのは，**スイスとオランダ**である。

③**正文**。神聖ローマ帝国内の領邦が，外交権や立法権などほぼ完全な国家主権を獲得したことにより，神聖ローマ帝国の分裂は決定的となった。そのため，ウ

ェストファリア条約は「神聖ローマ帝国の死亡診断書」ともいわれた。
④誤文。マリア=テレジアは退位していない。彼女の死によってヨーゼフ2世が
親政を開始したのは1780年で，三十年戦争とは無関係である。

（4）　正解は①　資料読解　知　識
①正解。ブルボン朝のフランスは，ハプスブルク家に対抗するため，カトリック
教国でありながら新教側に立って三十年戦争に参戦した。後に，スペイン継承
戦争の講和条約であるユトレヒト条約の結果，フランスとスペインが合同しな
いという条件で，ブルボン家がスペイン王位を継承したことを想起したい。

（5）　正解は②　知　識
a．正文。フランスとスペインは，ともに植民地戦争においてイギリスに多くの
領土を奪われていたためアメリカ独立戦争では植民地側に立って参戦し，失っ
た領土の奪回を図った。
b．誤文。イギリスが三国協商（1904年に英仏協商，1907年に英露協商を締
結）を形成したのは，三国同盟の中心で，かつ皇帝ヴィルヘルム2世が「世界
政策」を展開していたドイツに対抗するためである。

55　（1）　正解は③　資料読解

クローヴィスはフランク王国の建国者で，メロヴィング朝初代王。
①誤文。「ローマ教皇からローマ皇帝の帝冠を受けた」フランク王はカール大帝。
②誤文。資料の冒頭部分に注意しよう。クローヴィスは王妃の説得でアタナシウ
ス派に改宗した（496年）。
③正文。文章中のクローヴィスの言葉「この敵に私を勝たせてくれるならば，…
洗礼を受けます」の部分から，クローヴィスが敵（アラマン人）との戦いに勝
つため，神（イエス=キリスト）に現実的な助力を求めたことがわかる。
④誤文。レコンキスタはイベリア半島の対イスラーム国土回復運動で，開始はク
ローヴィス在位（481～511年）より後の8世紀初め。

（2）　正解は③　知　識
クローヴィスより先にキリスト教の洗礼を受けた人物を選べばよい。
①不適。サラディン（サラーフ=アッディーン）は12世紀後半にアイユーブ朝を
樹立したイスラーム教徒。
②不適。トマス=アクィナスはスコラ学を大成したキリスト教徒（ドミニコ修道
会士）で，クローヴィスより後の13世紀の人。

③適当。**コンスタンティヌス**は古代ローマ帝国の皇帝で，**ミラノ勅令**（313年）によりキリスト教を公認し，死の直前に洗礼を受けた。

④不適。**ディオクレティアヌス**は303年に始まるキリスト教徒に対する最後の大迫害を行った古代ローマ帝国の皇帝。

56 （1）　正解は③　知　識　資料読解

　グラフの**ア**は前202年〜157年だから漢（前202〜220年）代に，**イ**は1661年〜1851年だから清（1616〜1912年）代に含まれる。

a．江南地方は**宋代**（特に南宋期），穀倉地帯となった（「**蘇湖（江浙）熟すれば天下足る**」）。

b．**トウモロコシ**や**サツマイモ**は中国では**清代**の18世紀に普及した。

c．穀物栽培の効率を向上させた囲い込みは**第2次囲い込み**で，この運動は18〜19世紀前半のイギリスで展開した。

d．**鉄製農具**や**牛耕農法**は**春秋戦国時代**に普及した。

以上から，正解は③**イ−b**となる。

（2）　正解は①　知　識　資料読解

　グラフの**X**は157年〜220年だから後漢（25〜220年）末に，**Y**は755年〜960年だから唐（618〜907年）後半・五代（907〜960年）に該当する。

①正文。**X**の後漢末には**黄巾の乱**（184年）が起こり，後漢の権威や秩序は失われ，群雄割拠となった。このため政治・社会が混乱し，人々の生活も悪化したことが人口減少の原因と考えられる。

②誤文。「現住地で所有している土地・資産に基づいて課税する」のは唐代の**両税法**（780年導入）で，**X**の時期ではない。

③誤文。「**外国**（＝高句麗）**遠征の失敗**や**大運河の建設負担によって反乱が広がり**」とは隋末の状況で，**Y**の時期ではない。

④誤文。「戦争捕虜を奴隷として使役する**大農場経営**」とは，古代ローマで発達した**ラティフンディア**のことなので中国とは関係がない。

（3）　正解は④　知　識

　グラフの**Z**は1566年〜1661年で，**明末清初**にあたるので，同時代の16〜17世紀が含まれる資料を選べばよい。

①時期が誤り。**強制栽培制度**は1830年から，オランダがジャワ島で実施した。

②時期が誤り。**ゲルマン人の大移動**は375年を始まりとし，568年のランゴバルド人の北イタリア侵入・建国をもって終わりとする。

③時期が誤り。ラダイト運動（機械打ちこわし運動）はイギリス産業革命期の1811〜17年に展開した。

④正文。**三十年戦争**はドイツの宗教戦争で，1618年に勃発し，1648年のウェストファリア条約で終結した（17世紀前半）。

近現代編

57　（1）　正解は① 　知　識

①正解。**明白な天命（マニフェスト=デスティニー）**は，合衆国の領土拡張はアメリカ人が神から与えられた使命として，アメリカ合衆国による西部開拓を正当化する言葉として1840年代半ばから用いられた。

（2）　正解は① 　資料読解　　知　識

当時のアメリカ合衆国は19世紀後半。

①正しい。**電信機**はアメリカ人モース（モールス）が1837年に発明した。その後，アメリカ合衆国では**ベル**が1876年に**電話機**を発明した。

②誤り。ラジオは1920年代のアメリカ合衆国で普及した。1930年代には**フランクリン=ローズヴェルト大統領**が不況に苦しむ国民を元気づけ，ニューディールへの理解を求めるためにラジオを利用した。

③誤り。テレビは第二次世界大戦後のアメリカ合衆国で普及した。

④誤り。冷蔵庫は洗濯機と同様に1920年代のアメリカ合衆国で普及した。

（3）−1　正解は② 　資料読解

②正解。1869年に開通した大陸横断鉄道は，太平洋岸の港湾都市サンフランシスコとミシガン湖畔の工業都市シカゴを結ぶものであった。会話文にサンフランシスコとシカゴが出てくるので，これを読み取りたい。

（3）−2　正解は③ 　資料読解

③正解。消去法で対応するとよい。鉄道開通年をみると d は1825年で最も早いため，蒸気機関車が発明され，**ストックトンからダーリントン間に鉄道を開通**させた**イギリス**であることがわかる。次に a は，1860年から1880年に鉄道敷設距離が飛躍的に延びていることから，広大な国土をもち，1869年に**最初の大陸横断鉄道を完成させたアメリカ合衆国**であることがわかる。b は，1920年に c よりも距離が長くなっていることから，1891年に**シベリア鉄道建設**に着工し，難工事の末1904年にこれを完成させた**ロシア**と考えられる。よって

cがドイツと特定できる。

（4）　正解は②　　知　識

②正解。**岩倉具視**を団長とする明治政府の使節団は，西欧の先進文明を研究し，「**脱亜入欧**」を目指す日本に大きな影響を与えた。使節団には，大久保利通・伊藤博文・木戸孝允らその後の日本の政治を動かした人物が参加していた。

（5）　正解は②　　知　識

　a．正文。アメリカ合衆国の第7代大統領ジャクソンは，1830年の**強制移住法**によって先住民を**ミシシッピ川以西**の**居留地**（保留地）に追いやった。

　b．誤文。南北戦争後，黒人は奴隷身分から解放されたが，農地は分配されず，シェアクロッパーと呼ばれる分益小作人となった。

（6）　正解は①　　資料読解　　知　識

①正文。生徒Aが「西部開拓を正当化する」と発言していることに注目したい。（1）の「明白な天命」の解説を参照。

②誤文。岩倉使節団は，まず**太平洋を横断**してアメリカ合衆国を訪問し，その後にヨーロッパ諸国を訪れている。会話文に，使節団がアメリカ西海岸のサンフランシスコに入港したとあるのもヒントになる。

③誤文。会話文に**大陸横断鉄道の開通**は1869年とあり，よって**東部と西部**が経済的結びつきを強めたのは，1861〜65年の南北戦争の後のこととなる。

④誤文。アメリカ合衆国で黒人が参政権を認められたのは，**南北戦争後**である。ただし，実際には選挙権を行使できないなど黒人差別が続いたため，**ジョンソン大統領**期の1964年に黒人差別撤廃を目指し，公民権法が制定された。

58　正解は①　　資料読解

「当時」とはヴィクトリア女王の家族の絵が描かれた「1846年」である。

　a．正文。肖像画では妻（ヴィクトリア女王）と夫（アルバート公），およびその下で寛ぐ子供たちからなる家族の姿が描かれ，愛情にあふれた家庭生活の一面をうかがわせる。これは当時のイギリス人が模範とする家族のあり方（「家庭に勝るものはない」という**マイホーム主義**）を「象徴」たる王室を通じて示しているといえる。

　b．誤文。「ドイツ皇帝が打ち出していた世界政策」とは皇帝ヴィルヘルム2世の帝国主義政策を指し，これは19世紀末以降なので，時代的に一致しない。

　あ．正文。19世紀の工業化の進展とともに，社会で強調され始めた「男らしさ」

「女らしさ」の視点から，女性は「良き妻・母」としての役割が重視されるようになり，ヴィクトリア女王の家族の絵でも夫に献身する貞淑な妻，子供に愛情を注ぐ慈悲深い母として女王がイメージされている。

い．誤文。「戦争による労働力不足を補うため」，女性が工場などで働くことを求められたのは第一次世界大戦（1914～18年）が総力戦となって以降だから，ヴィクトリア時代（1837～1901年）には該当しない。

以上から，正解は① a －あ。

59　（1）　正解は③　資料読解　背景推察

ア．b．資料のグラフはカナダ全体の第一言語として英語の比率が高いことを示しており，英語を母語とする人の流入が多かったと推測できる。カナダは1763年のパリ条約（七年戦争やフレンチ＝インディアン戦争などの講和条約）でイギリスの植民地となり，1931年のイギリス連邦成立によって本国から独立し，本国と対等の立場でイギリス連邦を構成する国の一つとなった。

イ．c．資料のグラフはケベック州の第一言語としてフランス語の比率が高いことを示しており，フランス語を母語とする人の流入が多かったと推測できる。ケベックはブルボン朝時代の1608年にフランス人が植民地として建設して以来，フランスがイギリスによって北アメリカ方面から駆逐されるパリ条約（1763年）まで，フランスの北アメリカにおける拠点となった。

a．不適。フランスの植民地で，フランスから独立し（1804年），「史上初の黒人共和国」となったのはカリブ海のハイチ。

d．不適。プラッシーの戦い（1757年）は，英仏植民地戦争の一つとして，北米のフレンチ＝インディアン戦争（1754～63年）の期間中にインドで起こり，イギリスがフランスに勝利し，インドにおけるイギリス支配の基礎を築いた。

（2）　正解は①　知識

ウ．「1860年代の西部」で建設が進んだのは大陸横断鉄道。中国人移民が労働力として使用され，1869年，最初の大陸横断鉄道が開通した。なお，パナマ運河は1904年に建設工事が始まり，1914年に開通した。

エ．第一次世界大戦後のアメリカ合衆国では保守化の傾向が強まり，これを背景に1924年に移民法が制定された。この移民法では日本を含むアジア系の移民が禁止された。なお，アメリカ合衆国では1830年に先住民を特定の保留地（ミシシッピ川以西の地）に強制移住させる先住民強制移住法が制定された。

60 （1）　正解は① 資料読解 知識

空欄アに入れる語句

　表を見ると，「ロシアの鉄道営業キロ数」は1900年，「他のどの国よりも大きく」なった。よって，空欄アの直前の「その頃まで」とは「1900年まで」となる。

あ．正文。ロシアは1891年に**シベリア鉄道**の建設を開始した。

い．誤文。ロシアは1896年，三国干渉の代償として中国（清）から**東清鉄道の敷設権**を獲得した。その後，**ポーツマス条約**（1905年）により，ロシアは「東清鉄道の一部の利権」，すなわち南満州鉄道の利権を日本に譲渡した。

空欄イに入れる文

X．正文。1834年の**ドイツ関税同盟発足**により「諸邦の分立状態」だったドイツでは経済的統一が達成され，これは後の政治的統一の基盤となった。

Y．誤文。「植民地などを含めた排他的な経済圏」とは**ブロック経済**。ブロック経済の形成は，世界恐慌後の1930年代のため年代が対応しない。また，ドイツは第一次世界大戦で植民地を失ったため，ブロック経済は形成されなかった。

（2）　正解は① 資料読解

豊田さんのパネル…イギリス植民地のインドにおける1900年の鉄道営業キロ数は39,531で，イギリス国内の30,079を「上回っていた」から，パネルは正しい。

岡田さんのパネル…フランスの**七月王政**は1830～48年。1830年と1840年の表を見ると，フランスの鉄道営業キロ数は「イギリスの3分の1以下」となっており，イギリスに関しては正しい。しかし，「ドイツの2分の1以下」にはなっていないため，パネルは間違っている。

早瀬さんのパネル…オスマン帝国領のアルジェリアは1830年にフランスの支配下に入った。1830年にはアルジェリアの鉄道建設はなく，1862年（注4参照）に初めて数値が掲載されるから，パネルは間違っている。

61 （1）　正解は③ 資料読解 背景推察

　資料1は第一次世界大戦開始に際しての皇帝**ヴィルヘルム2世**の言葉。

　資料3は第一次世界大戦末期に起こった**キール軍港の水兵反乱**に関する資料で，これを機にドイツ革命が起こり，ドイツ共和国が成立した。

　空欄アでは第一次世界大戦開始時のドイツ，空欄イでは第一次世界大戦終了時のドイツの状況が求められている。

　①誤り。ア．「ナチ党による一党独裁」の成立は第一次世界大戦後の1930年代。イ．「ボリシェヴィキ」が権力を奪ったのは1917年のロシア十月革命（十一月革

　命）後で，この翌年に第一次世界大戦は終了する。

②**誤り**。**ア**．「共産党による一党独裁」は第一次世界大戦後のソ連に成立した体制。

　イ．「14か条」は第一次世界大戦後のパリ講和会議の原則。

③**正しい**。**ア**．**資料1**に「ただドイツ人あるのみである」「党派の違い，地位や宗派の違いなく」とある。また，空欄**ア**の直後に，「人々は開戦を熱狂的に支持した」とあり，ドイツ国内の「どの政党・団体も」立場や主張を超えて一丸となり，第一次世界大戦開戦を支持したことが読み取れる。

　イ．第一次世界大戦はドイツ革命による皇帝ヴィルヘルム2世の亡命でドイツ帝国が倒れ，ドイツ共和国が成立し，共和国政府が連合国と休戦条約を結び終結する。

④**誤り**。**ア**．**資料1**の「各政党の党首が前に進み出て，余と握手して誓約するよう命じる」から，皇帝は政党の存在を理解していると判断できる。また，ヴィルヘルム2世の即位直後には，ドイツ社会民主党が成立（1890年）し，議会政治が行われているから，この点でも皇帝は政党を理解しているといえる。

　イ．ヴァイマル憲法の制定は第一次世界大戦後の1919年。

（2）**正解は**④　資料読解　知　識

ヨーロッパに生まれた新たな国境

　第一次世界大戦後のヨーロッパには**民族自決の原則**が適応され，東欧にポーランド，チェコスロヴァキア，ユーゴスラヴィアなど8つの独立国家が生まれた。**あ**を見ると，チェコスロヴァキアやユーゴスラヴィアの所在地内に国境線が引かれているから，**あ**は設問に該当せず，**い**が正解と判断できる。

西アジアに生まれた委任統治領

　第一次世界大戦後の西アジアではイラク・ヨルダン・パレスチナがイギリスの，シリア・レバノンがフランスの委任統治領となった。地図を見ると，ヨルダンは**X**ではフランスの，**Y**ではイギリスの委任統治領となっているから，**Y**が正解と判断できる。

62　（1）**正解は**⑧　資料読解　知　識

ドイツの事例

　あ．**不適**。ヴェルサイユ条約は第一次世界大戦に敗北したドイツが1919年に連合国と結んだ講和条約で，年代的に**資料1**と対応していない。

　い．**適切**。ナポレオン戦争中の1806年，プロイセンは**イエナの戦い**でフランス軍に敗北した。下線部ⓐは，「常備軍への出費」にもかかわらずナポレオン軍

に敗北したことを指している。

日本の事例

う．**不適**。**新体制運動**とは 1940 年に**近衛文麿**が中心となって進めた，一国一党
の体制を作ろうとした運動。全国民の意を戦争協力に向けようとするもので，
年代的にも資料2とは対応していない。

え．**適切**。**教育勅語**は 1890 年に発布され，学校教育を通じて人々の心に「忠君
愛国」の精神・思想を植え付けようとした。

二つの資料に共通する意図

a．**適切**。資料1では「国民教育を広く導入したならば」，国家は「今までにな
いような軍隊を持つ」と記し，資料2では「一般教育の標準を達し，（略）そ
うすれば国の基礎を強固にし国勢を維持」とあるので，ともに教育の目的が国
力の高揚・強化にあるとわかる。

b．**不適**。資料1・2とも，教育を通して自国の強化をはかることを述べており，
国際協調は説いていない。

（2）　正解は③　　**資料読解**　　**背景推察**

リンさんのパネル…誤り。欧米の多くの国で女性に選挙権が与えられたのは 20 世
紀だから，「1890 年代に女子の就学率」が急上昇した背景にはならない。

一条さんのパネル…誤り。資料4では「一般の人民は…女性や子供の別なく」学ば
なければならず，「家には学ばない人が一人もいないように」すると学制の目的
が書かれているので，政府は「女子への教育は不要」と考えていないことがわか
る。

早瀬さんのパネル…正しい。日清戦争勝利後の日本では，産業革命の展開により近
代産業が発展し，国民生活は向上し，余裕も生まれた。そのため，男女とも「子
弟を必ず学校に通わせる」という資料4の目的は資料3が示す通り「ほぼ達成」
できた。

63　（1）　正解は②　　**資料読解**　　**知　識**

　資料中の「7月 18 日に戦闘が始まった」や「この 10 年に満たない数年間」に注
意したい。スペイン内戦の勃発は 1936 年だから，設問は 1920 年代後半～36 年の
「日本あるいは日本軍が関わった出来事」として適当なものが求められている。

①不適。**ノモンハン事件**は 1939 年に起こった日ソ両国の軍事衝突で，日本軍がソ
連軍に大敗した。

②適切。**満州国（満洲国）**は満州事変を起こして中国東北地方（満州）を占領した
日本軍により，1932 年に建国された。

③不適。台湾は，日清戦争に勝利した日本が 1895 年の下関条約で清から獲得した。

④不適。真珠湾は日本軍が 1941 年 12 月 8 日に攻撃し，アメリカ合衆国など連合国を相手に太平洋戦争を勃発させた。

（2）　正解は①　資料読解

　　ヒトラーが反共を掲げるナチ党の党首で，ヒトラー政権が 1933 年に共産党を弾圧したことを想起すれば，「ヒトラーが『虐殺』しようとした『あらゆる党派の政敵』と表現されている組織の一つ」は共産党と判断できる。なお，**第 1 インターナショナル**は 1876 年に解散しているから，ヒトラーと時代的に対応しない。

　　資料中の「アビシニア」とはエチオピアの旧称で，「アビシニア人」とはエチオピア人。イタリアが 1935 年にエチオピアを侵略すると，国際連盟は経済制裁を発動したが効果はなく，翌年イタリアはエチオピアを併合した。九カ国条約（1922年）は中国に関する条約，不戦条約（ケロッグ=ブリアン条約）の締結は 1928 年だからリビア併合（1912 年）と関係しない。以上から，正解は①と確定できる。

（3）　正解は①　背景推察

　　スペイン内戦（1936〜39 年）から第二次世界大戦期（1939〜45 年）の日本の政権と独伊のファシズム体制の共通点ならびに相違点が問われている。

あ．日本の体制は独伊のファシズム体制と同様とする見方である。

　　日独伊の 3 国は 1937 年に日独伊三国防共協定を結んでおり，日本も独伊と同様，共産主義・ソ連を脅威と考えている。そのため，日本の体制は独伊のファシズム体制と同様であると言える。よって，**W** が該当する。

い．日本の体制を独伊のファシズム体制と区別する見方である。

　　独伊のファシズム体制は右翼政党（独のナチ党，伊のファシスト党）の独裁体制であった。しかし，この時期の日本は政党ではなく軍部の独裁体制であった。この点で両者は異なるから，日本の体制は独伊のファシズム体制と区別される体制と言える。よって，**Y** が該当する。

X．誤文。「国民社会主義」はドイツでナチスが標榜したが，日本やイタリアで同様に採用されたわけではない。

Z．誤文。日本はドイツ・イタリアと同様に「軍事力による支配圏拡大」を行っている。

第5章

64　（1）　正解は②　　知　識

①不適。世界貿易機関（WTO）は自由貿易の維持・拡大を目的とした「関税と貿易に関する一般協定（GATT）」を継承する形で 1995 年に設立された。

②正文。グラフ1の「米ドルに対する日本円の為替相場の推移」について，会話文で「1970 年頃までは値がほとんど動いていません」と述べていることに注意。これは米ドルを国際通貨（基軸通貨）とし，米ドルと外国通貨の交換比率である為替相場を一定とする固定相場制が維持されていたことを示す。これらは第二次世界大戦後の国際経済体制（ブレトン=ウッズ体制）の特徴で，この体制は 1971 年のドル=ショックで崩れ，変動相場制へ向かった。

③不適。アムステルダムが「国際金融の中心として機能していた」のは 17 世紀前半〜18 世紀半ば。なお，第二次世界大戦後の世界ではロンドンのシティ（ロンバード街）やアメリカ合衆国のニューヨーク（ウォール街）が「国際金融の中心として機能」している。

④不適。大国が「経済ブロックを形成していた」のは 1930 年代で，世界恐慌への対策の結果である。ブロック経済は第二次世界大戦で崩壊し，戦後の国際経済体制では自由貿易が原則となった。

（2）　正解は②　　知　識

グラフ1の「矢印Xの時期」は 1970 年代初めで，「米ドルに対する日本円の為替相場の推移」をめぐる「状況が大きく変化」している。それは会話文も踏まえると，固定相場制から変動相場制への変化で，この変化はアメリカ大統領ニクソン（任 1969〜74 年）が行った金・ドル交換停止の発表（1971 年）を契機とした（ドル=ショック）と判断できる。よって，下線部の人物はニクソン。

①不適。「ヨーロッパ諸国とアメリカ大陸の相互不干渉」は 1823 年，モンロー大統領が教書において表明した。

②正文。ニクソン大統領は 1972 年に中華人民共和国を訪問し，毛沢東（党主席）や周恩来（首相）と会談し，米中和解を実現した。

③不適。反共の封じ込め政策は 1947 年，トルーマン大統領によって開始された。

④不適。善隣外交はフランクリン=ローズヴェルト大統領のラテンアメリカ政策で，1934 年にはキューバの独立を承認した。

実戦問題

「歴史総合，世界史探究」
試作問題

解答時間 60 分
配点 100 点

歴史総合，世界史探究

（解答番号　$\boxed{1}$ ～ $\boxed{33}$ ）

第1問　歴史総合の授業で, 世界の諸地域における人々の接触と他者認識について, 資料を基に追究した。次の文章A～Cを読み, 後の問い（**問1～8**）に答えよ。（資料には, 省略したり, 改めたりしたところがある。）（配点　25）

A　19世紀のアジア諸国と欧米諸国との接触について, 生徒と先生が話をしている。

先　生：19世紀はアジア諸国と欧米諸国との接触が進んだ時期であり, アジア諸国の人々と欧米諸国の人々との間で, 相互に反発が生じることがありました。例えば日本の開港場の一つであった横浜の近郊では, 薩摩藩の行列と馬に乗ったイギリス人の一行との間に, **図**に描かれているような出来事が発生しています。それでは, この出来事に関連する他の資料を図書館で探してみましょう。

（この後, 図書館に移動して調査する。）

高　橋：横浜の外国人居留地で発行されていた英字新聞の中に, この出来事を受けて書かれた論説記事を見つけました。

（ここで, 高橋が(a)英字新聞の論説記事を提示する。）

中　村：この記事は, 現地の慣習や法律に従わなかったイギリス人の行動を正当化しているように見えます。また, この出来事が, イギリス側でも, 日本に対する反発を生んだのだと分かります。

先　生：そのとおりですね。一方で, アジア諸国が欧米諸国の技術を受容した側面も大事です。(b)19世紀のアジア諸国では, 日本と同じく欧米の技術を導入して近代化政策を進める国が現れました。

問1　文章中の**図**として適当なもの**あ・い**と，後の**年表**中の a 〜 c の時期のうち，**図**に描かれている出来事が起こった時期との組合せとして正しいものを，後の①〜⑥のうちから一つ選べ。　1

図として適当なもの
あ

（東京都江戸東京博物館所蔵）

い

日本の対外関係に関する年表

1825 年	異国船を撃退するよう命じる法令が出された。

　　　　　　┌─── a ───┐

　　　　　　上記法令を撤回し，異国船への燃料や食料の支給を認めた。

　　　　　　┌─── b ───┐

　　　　　　イギリス艦隊が鹿児島湾に来て，薩摩藩と交戦した。

　　　　　　┌─── c ───┐

1871 年　　清との間に対等な条約が締結された。

① あ ― a　　　② あ ― b　　　③ あ ― c
④ い ― a　　　⑤ い ― b　　　⑥ い ― c

問2　下線部ⓐに示された記事の内容を会話文から推測する場合，記事の内容として最も適当なものを，次の①〜④のうちから一つ選べ。　 2

① イギリス人は，日本の慣習に従って身分の高い武士に対しては平伏すべきである。

② イギリス人は，日本においてもイギリスの法により保護されるべきである。

③ イギリス人は，日本の許可なく居留地の外に出るべきではない。

④ イギリス人は，日本が独自に関税率を決定することを認めるべきではない。

問3　下線部ⓑについて述べた文として最も適当なものを，次の①〜④のうちから一つ選べ。　 3

① ある国では，計画経済の建て直しと情報公開を基軸として，自由化と民主化を目指す改革が進められた。

② ある国では，「四つの現代化」を目標に掲げ，市場経済を導入した改革・開放政策が行われた。

③ ある国では，儒教に基づく伝統的な制度を維持しつつ，西洋式の兵器工場や造船所を整備する改革が進められた。

④ ある国では，労働者に団結権が認められるとともに，失業者対策と地域開発を兼ねて，ダム建設などの大規模な公共事業が行われた。

B　戦争の際のナショナリズムや他者のイメージについて，絵を見ながら生徒と先生が話をしている。

先　生：以前の授業では，一つの国民あるいは民族から成る国家を建設する動きをナショナリズムという用語で説明しました。それは異なる言葉や生活様式を持つ人々を均質な国民として統合しようとする動きと言えますね。

まさき：島国として地理的なまとまりが強い日本には，わざわざナショナリズムによって国民を統合するような動きは見られないですよね。

ゆうこ：そんなことはないでしょう。日本は，昔も今も一つの民族による国家だと思う人はいるかもしれませんが，そうではなく，異なった言語や文化を持った人々によって構成されていたのです。近代において，そういった人々を，ナショナリズムによって統合していった歴史があったはずです。

まさき：その際，抑圧の側面も存在したと考えてよいのでしょうか。

先　生：そのとおりです。

　　　さて今回は，20世紀の戦争に目を向けてみましょう。そこでは，敵対する他者が戯画化されて，表現されることがよくあります。次の絵を見てください。これは第一次世界大戦が始まった際に，フランスのある新聞に掲載された絵です。解説には，フランスを含む5つの国の「文明戦士がドイツとオーストリアというモンスターに立ち向かう」と書かれています。5つの国には，フランスのほかに　　ア　　などが当てはまると考えられますね。どちらも，三国協商を構成した国です。

ゆうこ：交戦相手を怪物として描いてその恐ろしさを強調することで，敵に対する
　　　　国民の憎悪をかきたてて団結させようとしているのですね。

まさき：このように敵対意識を表現することや，他の国と比べて自国を良いものだ
　　　　と考えることで自国への愛着を促すこと，これらもナショナリズムと言え
　　　　るのでしょうか。

先　生：そのとおりです。ほかにも，植民地支配からの独立を目指す動きもナショ
　　　　ナリズムに基づいていると言えます。

ゆうこ：ⓒナショナリズムには多様な現れ方があるのですね。

問4　文章中の空欄　ア　について，(1) 及び (2) の問いに答えよ。

　(1)　文章中の空欄　ア　に入る国の名として正しいものを，次の①〜⑥のうち
　　　から一つ選べ。なお，正しいものは複数あるが，解答は一つでよい。　4

　　　　① アメリカ合衆国　　　② イギリス
　　　　③ イタリア　　　　　　④ チェコスロヴァキア
　　　　⑤ 日　本　　　　　　　⑥ ロシア

　(2)　(1)で選んだ国について述べた文として最も適当なものを，次の①〜⑥のう
　　　ちから一つ選べ。　5

　　　　① 血の日曜日事件が起こった。
　　　　② サルデーニャ王国を中心として統一された。
　　　　③ 奴隷解放宣言が出された。
　　　　④ ズデーテン地方を割譲した。
　　　　⑤ チャーティスト運動が起こった。
　　　　⑥ 中国に対して，二十一か条の要求を行った。

問 5　下線部ⓒに関連して，ナショナリズムの現れ方として考えられること**あ・い**と，その事例として最も適当な歴史的出来事**X〜Z**との組合せとして正しいものを，後の**①〜⑥**のうちから一つ選べ。　6

ナショナリズムの現れ方として考えられること

あ　国内で支配的位置にある多数派の民族が，少数派の民族を同化しようとすること。

い　外国による植民地支配から脱して，自治や独立を勝ち取ろうとすること。

歴史的出来事

X　ロシアとの戦争が迫る情勢の中で，幸徳秋水が非戦論を唱えた。

Y　明治期の日本政府が，北海道旧土人保護法を制定した。

Z　ガンディーの指導で，非暴力・不服従運動が行われた。

① あ — X　　い — Y

② あ — X　　い — Z

③ あ — Y　　い — X

④ あ — Y　　い — Z

⑤ あ — Z　　い — X

⑥ あ — Z　　い — Y

C　1970 年に開催された日本万国博覧会（大阪万博）について，生徒たちが，万博
に関わる当時の新聞記事（社説）を探して，記事から**抜き書き**を作成した。

社説の抜き書き

- 万博に参加した 77 か国のうち，初参加のアジア・アフリカなどの発展途上
国が 25 か国に上っていた。
- アジア・アフリカなどの発展途上国のパビリオン（展示館）では，一次産品
の農産物・地下資源や民芸品・貝殻などが展示されていた。
- こうした発展途上国のパビリオンからは，GNP（国民総生産：国の経済規模
を表す指標の一つ）は低くとも，自然と人間が関わり合う生活の中に，工業
文明の尺度では測れない固有の文化の価値体系を知り得た。
- 高度工業文明と GNP 至上主義の中で，「物心両面の公害」に苦しめられてい
る今日の日本人にとって，発展途上国のパビリオンから知り得た文化と風土
の多様性こそ，人間の尊厳と，人間を囲む自然の回復を考える手掛かりであ
る。

（『読売新聞』1970 年 9 月 13 日朝刊（社説）より作成）

問 6　センリさんのグループは，社説が発展途上国のパビリオンの特徴に注目しな
がら，同時代の日本の状況を顧みていることに気付いた。その上で，当時の世
界情勢で社説が触れていないことについても，議論してみようと考えた。社説
が踏まえている当時の日本の状況について述べた文**あ・い**と，当時の世界情勢
で**社説が触れていないこと**について述べた文**X・Y**との組合せとして正しいも
のを，後の①〜④のうちから一つ選べ。　7

実戦問題

社説が踏まえている当時の日本の状況

あ　第1次石油危機（オイル=ショック）により，激しいインフレが起こっていた。

い　環境汚染による健康被害が問題となり，その対策のための基本的な法律が作られた。

当時の世界情勢で社説が触れていないこと

X　アジアでは，開発独裁の下で工業化を進めていた国や地域があった。

Y　アラブ諸国では，インターネットを通じた民主化運動が広がり，独裁政権が倒された国があった。

① あ ― X
② あ ― Y
③ い ― X
④ い ― Y

問7　センリさんのグループでは，発展途上国が万博に積極的に参加した背景について調べ，**メモ**にまとめた。**メモ**中の空欄　**イ**　・　**ウ**　に入る語句の組合せとして正しいものを，後の①～④のうちから一つ選べ。　8

メ　モ

　　1960年に　**イ**　で17か国が独立を果たすなど，1960年代には独立国の誕生が相次いだ。新たに独立した国々の中には　**ウ**　する国もあるなど，発展途上国は国際社会において存在感を高めていた。

① イ ― アフリカ　　　ウ ― 非同盟諸国首脳会議に参加
② イ ― アフリカ　　　ウ ― 国際連盟に加盟
③ イ ― 東南アジア　　ウ ― 非同盟諸国首脳会議に参加
④ イ ― 東南アジア　　ウ ― 国際連盟に加盟

問 8　ユメさんのグループは,万博後の発展途上国と日本の関係について,政府開発援助(ODA)から考えることとし,日本のODAの地域別配分割合の推移を示す**グラフ**を作成し,そこから考えたことを**メモ**にまとめた。3人の**メモ**の正誤について述べた文として最も適当なものを,後の**①**~**④**のうちから一つ選べ。
9

グラフ　日本の2国間ODAの地域別配分割合の推移

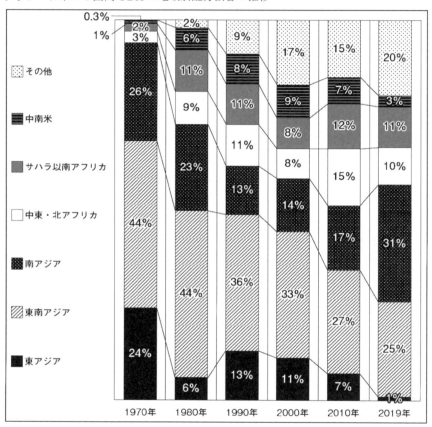

(外務省国際協力局「2020年版開発協力参考資料集」より作成)

(注)四捨五入のため,合計は必ずしも100%にならない。

ユメさんのメモ

> 1970年に東アジアの割合が24%に達していたのは，中華人民共和国への援助が開始されていたためである。

テルさんのメモ

> 2010年までは，どの年についても，東南アジアの割合が最も大きかった。東南アジアの中には，日本が賠償を行った国々が含まれていた。

アインさんのメモ

> 1970年から2019年にかけて，南アジアの割合は一貫して減少し，日本の援助先としての重要性が，他地域と比べて低下している。

① ユメさんのメモのみが正しい。

② テルさんのメモのみが正しい。

③ アインさんのメモのみが正しい。

④ 全員のメモが正しい。

第2問　世界史探究の授業で, 世界史上の都市を取り上げて班別学習を行い, 各班で興味を持った都市について, 資料を基に探究した。それぞれの班の発表に関連した後の問い (**問1〜4**) に答えよ。(資料には, 省略したり, 改めたりしたところがある。) (配点　13)

問1　1班は, オスマン帝国時代のイスタンブルに興味を持ち, 17世紀の各宗教・宗派の宗教施設の分布を示した**図1**を基に, **メモ1**を作った。**メモ1**中の空欄 ┃ ア ┃ に入る文**あ・い**と, 空欄 ┃ イ ┃ に入る文**X・Y**との組合せとして正しいものを, 後の**①〜④**のうちから一つ選べ。┃10┃

図1

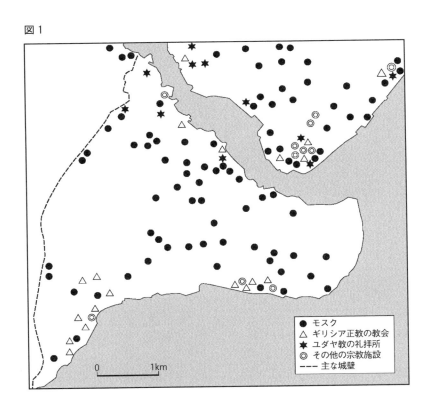

メモ1

　図1の時代のオスマン帝国は，非ムスリム臣民を庇護民（ズィンミー，ジンミー）として遇して，　　ア　　。イスタンブルにおいては，住民は，それぞれの宗教施設の近隣に居住していたと考えられるので，**図1**の宗教施設の分布から，　　イ　　ことが推測される。

　　ア　　に入る文

あ　人頭税の支払いと引き換えに，一定の自治を認めた

い　人頭税を廃止し，ムスリムと平等に扱った

　　イ　　に入る文

X　キリスト教徒とユダヤ教徒が，分散して居住していた

Y　キリスト教徒とユダヤ教徒が，それぞれ同じ教徒だけで一箇所に集中して居住していた

① あ － X

② あ － Y

③ い － X

④ い － Y

問2　2班は, 北京に興味を持ち, 清代の北京の地図である**図2**と, 18世紀に北京を訪れた宣教師の記録である**資料**とを見つけ, **メモ2**を付けた**パネル**を作った。この**パネル**について, **パネル**中の空欄　ウ　・　エ　に当てはまると考えられる**資料**中の語句の組合せ**あ・い**と, そのように考える理由として最も適当な文**X～Z**との組合せとして正しいものを, 後の**①**～**⑥**のうちから一つ選べ。　11

パネル

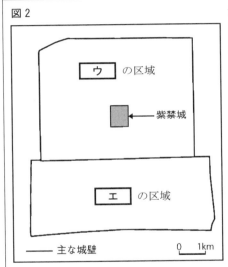

図2

ウ　の区域

← 紫禁城

エ　の区域

―――　主な城壁

0　　1km

資 料

北京は二つの区別された区域からなっていた。一つは韃靼人の区域, もう一つは漢人の区域であった。韃靼人の区域には, 韃靼人たちと, 韃靼人ではないが, 韃靼人の軍隊を構成する八つの部隊に登録された者たちとが住んでいた。漢人の区域は, 漢人だけが住んでいた。

メモ2

・**図2**中の「紫禁城」は, 皇帝の宮殿区画を指している。

・**資料**中の「韃靼人」は, 清を建てた民族を指していると思われる。

ウ ・ エ に当てはまる語句の組合せ

あ　ウ ― 漢　人　　エ ― 韃靼人

い　ウ ― 韃靼人　　エ ― 漢　人

そのように考える理由

X　この王朝は，漢人の服装や言語を採用する積極的な漢化政策を採ったので，彼らを皇帝の近くに置いたと考えられる。

Y　この王朝は，皇帝と同じ民族を中心とした軍事組織を重用したので，彼らを皇帝の近くに置いたと考えられる。

Z　この王朝は，奴隷軍人を軍隊の主力として重用したので，彼らを皇帝の近くに置いたと考えられる。

① あ ― X

② あ ― Y

③ あ ― Z

④ い ― X

⑤ い ― Y

⑥ い ― Z

問3　3班は，南アフリカ共和国の都市ケープタウンに興味を持ち，1991年のケープタウンにおける使用言語の分布を示した**図3**と，それぞれの言語話者の構成を示した**表**を見つけて，**メモ3**を作った。**図3**，**表**，及び**メモ3**から読み取れる事柄や，歴史的背景として考えられる事柄を述べた後の文**あ**～**え**について，正しいものの組合せを，後の**①**～**④**のうちから一つ選べ。　12

図3

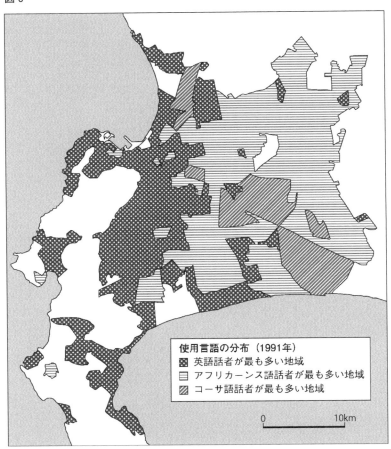

使用言語の分布（1991年）
- 英語話者が最も多い地域
- アフリカーンス語話者が最も多い地域
- コーサ語話者が最も多い地域

0　　　　　10km

表　それぞれの言語話者の構成（1991 年）

	英語話者	アフリカーンス語話者	コーサ語話者
白　人	49.9%	19.7%	0.02%
黒　人	0.5%	0.2%	99.80%
カラード	46.3%	79.6%	0.10%
インド人	3.3%	0.5%	0.10%
計 (注)	100%	100%	100%

(I. J. van der Merwe, The Urban Geolinguistics of Cape Town, *GeoJournal* 31-4, 1993 より作成)

(注) 四捨五入のため，合計は必ずしも 100%にならない。

メモ 3

> ・アフリカーンス語は，オランダ語に現地語が混合してできた言語である。
>
> ・コーサ語は，アフリカ南部の言語の一つである。
>
> ・カラードは，「有色」という意味で，初期の白人移民と奴隷や先住民などとが
> 混血して形成された集団である。
>
> ・アパルトヘイト期のケープタウンでは，法律によって，白人，黒人，カラード，
> インド人の 4 つの集団ごとに居住区が指定されていた。

あ　英語話者が最も多い地域は，18 世紀までに図 3 に見られる範囲に広がって
　　いたと考えられる。

い　英語話者の中には，アパルトヘイトによる隔離の対象になっていた人々が
　　含まれていると考えられる。

う　アフリカーンス語話者のほとんどが白人であり，コーサ語話者のほとんど
　　が黒人である。

え　コーサ語話者が最も多い地域は，英語話者及びアフリカーンス語話者が最
　　も多い地域よりも狭い。

① あ・う　　② あ・え　　③ い・う　　④ い・え

問 4　各班の発表後，先生が，日露戦争前にロシアが作成した大連の都市計画を表
した**図4**とその**説明**を示した。それを基にして，生徒の渡辺さんと菊池さんが，
図4の大連の特徴について**図1〜図3**と比較し，分類を試みた。**図4**の大連を
どのように分類するかについて述べた文として最も適当なものを，後の**①**〜**④**
のうちから一つ選べ。　13

図4

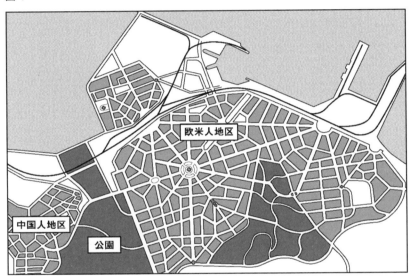

説　明

　大連は，パリの都市計画を模範にして，大きな広場から放射状に大通りが
延びるよう設計された。広場のある中心部には欧米人の居住区が，公園を挟
んで中国人の居住区が，それぞれ設けられる予定だった。

渡辺さんによる分類

あ イスタンブル   **い** 北京，ケープタウン

菊池さんによる分類

う イスタンブル，北京   **え** ケープタウン

① 渡辺さんは，住民ごとに居住地域が区分されていたかどうかで分類しているので，大連は**あ**に入る。

② 渡辺さんは，住民ごとに居住地域が区分されていたかどうかで分類しているので，大連は**い**に入る。

③ 菊池さんは，王朝の首都と列強の国外拠点とに分類しているので，大連は**う**に入る。

④ 菊池さんは，王朝の首都と列強の国外拠点とに分類しているので，大連はいずれにも該当しない。

第3問　世界史探究の授業で，地図を利用しながら，外交や貿易などによって発生する人の移動と，移動ルートの選択とについて，意見を出し合いながら考察した。それぞれの授業における考察に関連した次の文章A・Bを読み，後の問い（問1〜5）に答えよ。（資料には，省略したり，改めたりしたところがある。）（配点　15）

A　ある日の授業では，先生が，1123年に高麗に派遣された宋の使節員が記した見聞録に基づき，宋の使節がたどった海上航路を資料として示した（**図1**）。その上で，移動ルートの特徴と背景について，生徒が意見を出し合った。

あつし：宋の都から高麗の
　　　　都へ向かうには，
　　　　北回りで陸路をた
　　　　どった方が近くて
　　　　簡単そうに見えま
　　　　す。しかし宋の使
　　　　節は，遠回りをし
　　　　て，中国南部の明
　　　　州から船を出し，
　　　　東シナ海を渡った
　　　　わけですね。

図1

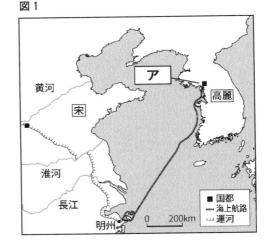

すみれ：当初から両国の使
　　　　者が陸路で行き来することはなかったようですが，それは@建国以来の宋の北方情勢が関連しているのではないでしょうか。

スンヒ：宋の都と明州は大運河で結ばれていたので，大量の荷物を運ぶ外交使節にとっては内陸水運を利用する方が好都合だったかもしれません。

すみれ：以前の授業で，大運河は　　イ　　の時代に完成し，その工事の負担が　　イ　　の滅亡の一因になったと学びました。しかし大運河自体は，その後の時代にも利用されていたのですね。

みのる：当時，宋の使節が高麗に向かう航海で使用した船に関して，宋側の記録である**資料1**と**資料2**を見つけました。海上交通の安全性や安定性は，どのような人々が運航を担っていたかが重要であると思います。

資料1

従来，朝廷が高麗に使者を送る際には，出立日に先立ち，福建・両浙 (注) の長官に委託して，現地の商人の商船を募集して雇い入れてきた。

（注）両浙：おおむね現在の浙江省と江蘇省南部に相当する地域。

資料2

皇帝より詔があり，「高麗王の逝去を弔問する使節の船を運行した船主・船頭であった商人に対し，褒美としてそれぞれ下級の官職を与える」とのことであった。

先　生：皆さんよい着眼点ですね。様々な要因が重なり合って利用ルートが決まっていくと考えられそうです。

問1　図1中の ア に入る都市の名**あ～う**と，文章中の空欄 イ に入る王朝について述べた文**X・Y**との組合せとして正しいものを，後の①～⑥のうちから一つ選べ。 14

ア に入る都市の名

あ　漢城　　　い　開城　　　う　開封

イ に入る王朝について述べた文

X　土地税，人頭税，労役などを一括して銀で納める税制を導入した。

Y　地方に置かれた推薦担当官が人材を推薦する制度を廃止し，試験による人材選抜方式を創設した。

① あ ― X　　② あ ― Y　　③ い ― X
④ い ― Y　　⑤ う ― X　　⑥ う ― Y

問2　すみれさんが下線部⓪のように考えた根拠として最も適当なものを，次の①
〜④のうちから一つ選べ。　15

① 宋と高麗の間の地域は，スキタイの活動範囲に入っていた。

② 宋と高麗の間の地域には，フラグの率いる遠征軍が侵入していた。

③ 宋と高麗の間の地域では，契丹（キタイ）が勢力を広げていた。

④ 宋と高麗の間の地域には，西夏の支配が及んでいた。

問3　資料1・2を踏まえ，宋が高麗に使節を送る際，船舶がどのように運航されて
いたかについて述べた文として最も適当なものを，次の①〜④のうちから一つ
選べ。　16

① 貿易商人の中には倭寇として知られる者もいたため，彼らの護衛を受けて
使節が派遣されたと考えられる。

② 皇帝直属の軍隊が強化されたため，その軍船と軍人が使節の派遣に利用さ
れたと考えられる。

③ 軍艦の漕ぎ手として活躍していた都市国家の下層市民が，使節の船にも動
員されていたと考えられる。

④ 民間商人の海外渡航が広く許され，彼らの貿易活動が活性化していたので，
航海に習熟した商船とその船乗りが使節の派遣に利用されたと考えられる。

B　別の日の授業では，生徒と先生が，ヨーロッパの人々がアジアを目指す試みについての資料を基に，15世紀末から16世紀中頃のイングランド商人によるアジア航路の開拓について話をしている。

先　生：イングランドは15世紀の末から，既にあるルートを使わずにアジアを目指そうとしました。なぜそのような航路の開拓を試みたのでしょうか。

みのる：当時，ヨーロッパの諸勢力は，地中海東岸を経由する貿易を通して，アジアの物産を手に入れていました。その後，アジアとの直接貿易を目指し，喜望峰経由でのアジア航路を開拓したと，先日の授業で学びました。

あつし：こうしたアジア航路の開拓に後れを取ったイングランドにとっては，いずれの航路の利用も既存の諸勢力から阻まれていたため，新規の航路開拓を行う必要があったのではないでしょうか。

先　生：そうですね。このような時期に，⒝地理学者たちは，イングランド商人たちに様々な地理情報を提供していました。次の**図2**は，1538年にネーデルラントのメルカトルが作成した世界地図の一部を抜粋したもので，**記録**は，イタリアのヨヴィウスという人物によるものです。

図2

記　録

北極海から右岸に沿って航行すると，（中略）船はカタイ^(注)に到達する。

（注）カタイ：現在の中国北部に相当すると考えられる地域。

すみれ：なるほど。このような情報があったのなら，一見突飛に思われるルートが
　　　　考案されたことにもうなずけますね。

先　生：宋の使節もイングランド商人も，当時の国際環境のなか，様々な事情の下
　　　　で航路を考案し，選択していたことが分かります。

問 4　下線部ⓑに関連して，新航路開拓の背景には，地理学的知識の発展が大きく
　　寄与していたことが知られている。そのことに関して述べた文Ⅰ〜Ⅲについて，
　　古いものから年代順に正しく配列したものを，後の①〜⑥のうちから一つ選
　　べ。　17

　Ⅰ　ある人物は，中国で初めて，アメリカ大陸や大西洋を含む世界地図を作成
　　　した。
　Ⅱ　ある人物は，本格的に極地探検が競われるなか，初めて北極点に到達した。
　Ⅲ　ある人物は，地球球体説に基づいて，大西洋を西に向かうことでアジアへ
　　　到達できると主張した。

① Ⅰ — Ⅱ — Ⅲ
② Ⅰ — Ⅲ — Ⅱ
③ Ⅱ — Ⅰ — Ⅲ
④ Ⅱ — Ⅲ — Ⅰ
⑤ Ⅲ — Ⅰ — Ⅱ
⑥ Ⅲ — Ⅱ — Ⅰ

問5　前の会話文と**図2**及び**記録**を参考にしつつ，イングランド商人による既知の
　　　ルート利用を阻んだ国**あ・い**と，次の図中に示した**X〜Z**のうち，1550年代の
　　　イングランド商人たちが試みた新ルートとして最も適当なものとの組合せとし
　　　て正しいものを，後の**①〜⑥**のうちから一つ選べ。　18

　　　阻んだ国

　　　あ　ポルトガル　　　　**い**　セルジューク朝

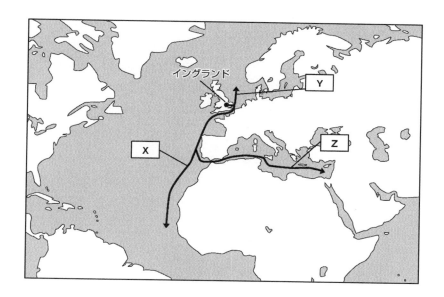

　　　① **あ** — X

　　　② **あ** — Y

　　　③ **あ** — Z

　　　④ **い** — X

　　　⑤ **い** — Y

　　　⑥ **い** — Z

第 4 問
世界の諸地域における国家と宗教の関係に関する資料について述べた次の文章A〜Cを読み，後の問い（問1〜8）に答えよ。（資料には，省略したり，改めたりしたところがある。）（配点　25）

A　次の**資料1**は，ローマ帝国において，告発されたキリスト教徒への対応をめぐり属州総督と皇帝との間で交わされた書簡である。

資料1

> （皇帝に宛てた属州総督の書簡）「私はキリスト教徒裁判には全く関わったことがありませんでした。したがって何が，どの程度罰せられるのか，あるいは審問されるのが常なのか，私は知りません。（中略）私は急いであなたに相談することにしました。なぜならば特に裁判を受ける人々が多数に及ぶため，私にはこれが相談に値することであるように思われたからです」
>
> （皇帝の回答）「キリスト教徒として訴えられた者たちの件を審理するに当たり，君はなすべきことを正しく行った。なぜならば，これに関しては，いわば確定した形式を持つようなあるものを，一般に制定することはできないからである。彼らは捜索されるべきではない。（中略）署名なしに提出された告発状は，いかなる犯罪についても受理されるべきではない」

歴史学研究会編『世界史史料1』

　この書簡のやり取りは，ローマ帝国の最大版図を達成した　　ア　　の時代のものである。告発されたキリスト教徒への対応に苦慮した属州総督は，彼らの行状を調査した上で，皇帝に対応策を問い合わせた。この**資料1**に見られるような皇帝の姿勢もあってキリスト教徒は次第にその数を増し，4世紀末には，ⓐ当時ローマ帝国内で見られた他の宗教を抑えて，事実上，国教の地位を獲得した。その結果，ⓑローマ帝国による地中海支配の終焉後も，キリスト教はヨーロッパを中心に大きな影響を持ち続けることになった。

問1 文章中の空欄　ア　に入る皇帝の名**あ・い**と，**資料1**から読み取れる皇帝のキリスト教徒に対する姿勢**X・Y**との組合せとして正しいものを，後の①〜④のうちから一つ選べ。　19

皇帝の名

あ　アウグストゥス　　　　　　**い**　トラヤヌス帝

資料1から読み取れる皇帝の姿勢

X　皇帝は，キリスト教徒に対する告発を抑制しようとしている。

Y　皇帝は，キリスト教徒を徹底的に弾圧するよう命じている。

① あ ― X
② あ ― Y
③ い ― X
④ い ― Y

問2 下線部ⓐのいずれかについて述べた文として最も適当なものを，次の①〜④のうちから一つ選べ。　20

① ゾロアスター教・仏教・キリスト教の要素を融合した。
② ナーナクが創始した。
③ ボロブドゥール寺院を造営した。
④ 六信五行が義務とされた。

問 3　下線部⑥について議論する場合，異なる見方**あ・い**と，それぞれの根拠とな
り得る出来事として最も適当な文W〜Zとの組合せとして正しいものを，後の
①〜④のうちから一つ選べ。　| 21 |

異なる見方

あ　ローマ帝国による地中海地域の統一は，ゲルマン人の大移動で終焉を迎え
た。

い　ローマ帝国による地中海地域の統一は，イスラームの勢力拡大で終焉を迎
えた。

それぞれの根拠となり得る出来事

W　タキトゥスが，『ゲルマニア』を著した。

X　オドアケルが，西ローマ皇帝を廃位した。

Y　イスラーム勢力が，西ゴート王国を滅ぼした。

Z　イスラーム勢力が，ニハーヴァンドの戦いで勝利した。

① あ ― W　　い ― Y

② あ ― W　　い ― Z

③ あ ― X　　い ― Y

④ あ ― X　　い ― Z

B　次の**資料2**は，中国にある仏教石窟の写真である。

資料2

ユニフォトプレス提供

　この仏教石窟は，5世紀の末，華北を支配した北魏の文成帝の時代に造られたものである。北魏では，5世紀中頃に廃仏が断行されたが，文成帝は廃仏を停止し，仏教を復興させた。その際，皇帝を崇拝の対象とするため，文成帝は，北魏の歴代皇帝になぞらえた巨大な石仏群を造らせた。これは政治的には，

　　イ　　ことにつながった。

　その頃，江南を支配していた南朝では，いくつかの王朝が興亡を繰り返すなかで，門閥貴族が主体となって文化が栄えた。ⓒ南朝の文化は，その後も中国文化の基層となった。

問4　文章中の空欄　　イ　　に入る文として最も適当なものと，それに相当する世界史上の事例との組合せとして正しいものを，後の①〜⑥のうちから一つ選べ。22

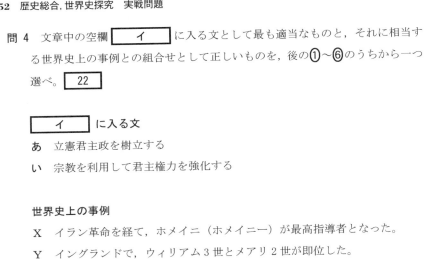

　　イ　　に入る文

あ　立憲君主政を樹立する

い　宗教を利用して君主権力を強化する

世界史上の事例

X　イラン革命を経て，ホメイニ（ホメイニー）が最高指導者となった。

Y　イングランドで，ウィリアム3世とメアリ2世が即位した。

Z　インカ帝国では，皇帝は太陽の化身とされた。

① あ — X　　　　② あ — Y

③ あ — Z　　　　④ い — X

⑤ い — Y　　　　⑥ い — Z

問5　下線部ⓒについて述べた文として最も適当なものを，次の①〜④のうちから一つ選べ。23

① 自然現象を，神話的解釈ではなく，合理的な思考で理解しようとする思想が発展した。

② 旧来の倫理・道徳を批判する，白話を用いた文学作品が登場した。

③ 天文学や医学など諸学問が発達し，数学の分野ではゼロの概念が生み出された。

④ 対句を駆使する華麗な文体の文章が流行し，詩文集が編纂された。

C　次の**資料3**は，フランス第三共和政期の国家と宗教の関係を描いた風刺画である。

フランスでは，18世紀末の革命で非キリスト教化の動きが見られたが，その後もカトリック教会は影響力を持ち続けた。ナポレオンが宗教協約を結び，ローマ教皇と和解したことは，その要因の一つである。それ以降も，政治体制の転換とともに，国家による宗教の扱いは変化した。そして改めて共和政が敷かれたこの時期に，(d)国家と宗教の新たな関係の構築が模索された。ドレフュス事件は，その重要な契機であった。この事件の過程で，教皇を至上の権力とみなす一部のカトリ

資料3

ック勢力が，共和派の政治家たちから問題視されたのである。この風刺画は，そうした時代状況を映し出している。

風刺画の中央左には，斧を振りかざす共和派の政治家エミール゠コンブが描かれている。(e)『哲学書簡』の著者として知られる人物によって上空から光で照らされたコンブは，カトリック教会（左手前の冠をかぶった人物）とフランス（腰をかがめている女性）との錯綜した関係を表すロープを一刀両断しようとしている。

こうした展開を経て，フランスでは，1905年に政治と宗教の分離に関する法律が定められた。

問6　下線部⑪に関連して，次の**資料4・5**は，世界史上の国家と宗教の関係についての資料である。前の文章中の**宗教協約**の成立時期を含めて，これらの出来事が古いものから年代順に正しく配列されているものを，後の①〜⑥のうちから一つ選べ。 24

資料4

> ローマ皇帝並びに神聖なる帝国の選帝侯，諸侯らは，帝国のいかなる身分の者に対しても，アウクスブルク信仰告白のゆえに，また，その教義，宗教，信仰のゆえに，迫害をしてはならない。多くの自由都市と帝国都市において，旧教とルター派が以前から行われているので，今後もそのことはこれらの都市において維持されるべきである。

歴史学研究会編『世界史史料5』

資料5

> イタリア政府は，現在既に設定されている，ヴァチカン地区における教皇庁の所有権及び排他的かつ絶対的な権限と裁判権を，同庁の付属物や施設とともに承認する。また，本条約の目的とそこに定められた条項に基づき，ヴァチカン市国が創出される。

歴史学研究会編『世界史史料10』

① 資料4 — 資料5 — 宗教協約
② 資料4 — 宗教協約 — 資料5
③ 資料5 — 資料4 — 宗教協約
④ 資料5 — 宗教協約 — 資料4
⑤ 宗教協約 — 資料4 — 資料5
⑥ 宗教協約 — 資料5 — 資料4

問7　下線部⑥の人物が風刺画に描かれている理由について述べた文として最も適当なものを，次の①～④のうちから一つ選べ。　25

① この人物が，キリスト教信仰を論理的に体系化しようとした，中世ヨーロッパの学問を代表する一人であるから。

② この人物が，禁欲的な修行によって神との一体感を求めようとした，中世に盛んになった宗教思想を代表する一人であるから。

③ この人物が，理性を重んじて古い偏見や権威を打破しようとした，18 世紀に隆盛した思想を代表する一人であるから。

④ この人物が，人間心理の中の無意識に着目した，19 世紀後半に登場した学問を代表する一人であるから。

問8　前の文章中の 1905 年に定められたフランスの法律と類似する原則は，他の地域や時代においても見られた。そのような事例について述べた文として最も適当なものを，次の①～④のうちから一つ選べ。　26

① イングランドで，国王至上法が定められた。
② ムスタファ=ケマルが，カリフ制を廃止した。
③ インドで，ベンガル分割令が出された。
④ アルタン=ハンが，チベット仏教に帰依した。

第5問 世界史探究の授業で,「 ア 」という主題を設定し,資料を基に生徒が追究して,その内容をレポートにまとめた。次の文章A～Cを読み,後の問い(問1～7)に答えよ。(資料には,省略したり,改めたりしたところがある。)(配点 22)

A 牧さんの班は,中世ヨーロッパで起こった,ある農民反乱に関する二つの年代記を基に,主題を踏まえて考察を行った。次の文章は,その考察をまとめた**レポート**である。

レポート

> ○ **一つ目の年代記**:(農民反乱の指導者の演説)「農民も貴族も存在せず,全ての人々が一つになるまでは,この国で世の中がうまくいくことはないだろう。領主と呼ばれる彼ら貴族は,いかなる点を根拠に,我々の同類ではなく偉大な支配者であるということになっているのか。アダムが耕し,イヴが紡いだ時,誰が領主であったか。彼らが恵まれた状態を維持できているのは,我々と我々の労働のおかげにほかならない。我々は隷農と呼ばれており,一瞬でも彼らへの奉仕を怠れば打ち叩かれる。国王の下へ行こう! 彼に我々の隷属状態を示し,事態が変更されることを望んでいると伝えよう」
>
> ○ **二つ目の年代記**:「農民反乱の指導者は国王の面前に現れ,民衆は彼らが望むような証書を得るまでは解散しないと告げた。民衆の希望とは,いかなる領主も領主権を保持しないこと,唯一の領主権は国王のものだけであること,イングランドの教会の動産は聖職者の手に置かれず,教区民の間で分配されること,全国にただ一人の司教しか置かれず,高位聖職者たちの保有地は全て国庫に没収され民衆の間で分配されること,であった。農民反乱の指導者はさらに,この国には以後いかなる隷農身分もなく全て自由人であり,その身分は均一であることを求めた」
>
> ○ **まとめ**:これらの年代記に出てくる「隷農」は,当時 イ 。この農民反乱は, ウ と考えられる。

二つ目の年代記:ヨーロッパ中世史研究会編『西洋中世史料集』北野かほる他訳,東京大学出版会,一部改変

問1　文章中の空欄　　イ　　に入る文として最も適当なものを，次の①～④の
　　うちから一つ選べ。　27

　　①　領主直営地で，賦役に従事していた
　　②　プランテーションで，サトウキビの栽培に従事していた
　　③　租・調・庸を課されていた
　　④　高率の小作料を納めるシェアクロッパーであった

問2　レポートで扱っている農民反乱の名として適当なものあ・いと，文章中の空
　　欄　　ウ　　に入る文として適当なものX・Yとの組合せとして正しいもの
　　を，後の①～④のうちから一つ選べ。　28

　　農民反乱の名
　　あ　ワット=タイラーの乱　　　　い　プガチョフの乱

　　　ウ　に入る文
　　X　君主政の廃止を要求している
　　Y　身分制度の改変を要求している

　　①　あ ― X
　　②　あ ― Y
　　③　い ― X
　　④　い ― Y

B　佐々木さんの班は，近代アジアの女性に関する資料を基に，主題を踏まえて考察を行った。次の文章は，その考察をまとめた**レポート**である。

レポート

　　カルティニ（1879〜1904年）は，ジャワ島中部で貴族の家庭に生まれ育った女性である。現地のヨーロッパ人小学校で学んだ後に，書籍や雑誌を通じて思索を深めていった。彼女は，ジャワや宗主国で発行された　エ　語雑誌への記事執筆や文通などを通じて，女性の地位向上などジャワ社会の変革を目指して活動したが，その道のりは平坦(へいたん)なものではなかった。次に引用する手紙からは，彼女の思想の持つ複雑さと重層性を読み取ることができる。

　　　雑誌社が何度も私の書簡を掲載させてくれと頼んできたのも，なぜかと言えば，宣伝のためですよ。生粋の東洋の娘，"本物のジャワ人少女"からの手紙，ヨーロッパ文明になじみつつある東洋人の考えがヨーロッパ語の一つで書かれてあるなんて，ああ，なんて彼らにとって魅力的ではありませんか。

　　この皮肉に満ちた一節は，彼女が，自身の言論活動が宗主国の人々からどのように認識されていたのかを自覚していることと，それに対する彼女の強い嫌悪感とを示している。にもかかわらず，カルティニが　エ　語での言論活動を続けたのは，彼女が生きた時代に見られた植民地支配の変化によって，彼女の言論活動が可能になったことを認識しており，これを続けることが，女性の地位向上などを達成するのに最良だと考えたからであろう。

　　私たちはここから，様々な制約や困難に直面しながらも，よりよい方法を見つけ出して最大限に利用しようとする彼女のしたたかさを学ぶことができる。

問3　文章中の空欄　エ　に入る言語を推測する根拠となる事柄について述べた
　　文として最も適当なものを，次の①〜④のうちから一つ選べ。　29

　　①　多くの中国系労働者が，東南アジアに流入していた。
　　②　インドネシアでは，イスラーム教徒が最大多数だった。
　　③　ヨーロッパの宮廷では，フランス語が広く用いられていた。
　　④　ジャワ島は，オランダが支配していた。

問4　レポートを参考にしつつ，カルティニの言論活動を可能とした植民地支配の
　　変化あ・いと，カルティニが宗主国の人々の認識に嫌悪感を抱いた背景X・Y
　　との組合せとして正しいものを，後の①〜④のうちから一つ選べ。　30

植民地支配の変化

あ　宗主国が，植民地住民の福祉や教育を重視するようになった。

い　宗主国が，植民地での重化学工業の発展を重視するようになった。

カルティニが嫌悪感を抱いた背景

X　宗主国の人々が，支配地域における人々の文明化を責務と考えていたこと。

Y　宗主国の人々が，農業の集団化や工業の国有化によって，社会主義の実現
　　を目指したこと。

　①　あ ー X
　②　あ ー Y
　③　い ー X
　④　い ー Y

実戦問題

C　サンチェスさんの班は，1960年代のアメリカ合衆国で盛り上がりを見せた反戦運動に着目し，**表**や**グラフ**などの資料を準備して，主題を踏まえて考察を行った。次の文章は，その考察をまとめた**レポート**である。

レポート

【探究における課題】

当時のアメリカ合衆国において，　オ　で行われた戦争に対する反対運動に参加した人々の意見は，政治にどのような影響を与えたのだろうか。

表　　オ　　への米軍派遣に対する支持率の推移　　　　　　（単位：％）

世論調査時期	1965年8月	1966年9月	1967年10月	1968年8月	1969年9月	1970年5月	1971年5月
賛成	61	48	44	35	32	36	28
反対	24	35	46	53	58	56	61

(Gallup, November 17, 2000 の記事より作成)

グラフ　　オ　　での米軍の年間死傷者数　　　　　　（単位：人）

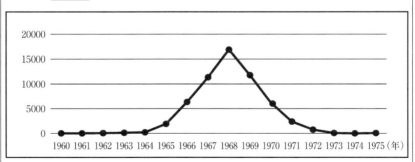

(Military Records, The U.S. National Archives and Records Administration より作成)

【まとめ】

○　戦争の激化や長期化により米軍の死傷者が増加したことと，この戦争への米軍派遣に対する支持率の推移とは，一定の関連があると考えられる。

○　平和を希求する世論や，この戦争に対する国際的な非難の高まりなどを背景に，その後，アメリカ合衆国はパリで和平協定を結び，この戦争から撤退することとなった。

○ⓐ同じ時期のアメリカ合衆国では，市民が世論の形成を通じて社会の変革を促しており，それも　オ　反戦運動の盛り上がりに影響したと考えられる。

問5　次の図中に示したa〜dのうち，文章中の空欄　オ　の地域の位置として最も適当なものを，後の①〜④のうちから一つ選べ。　31

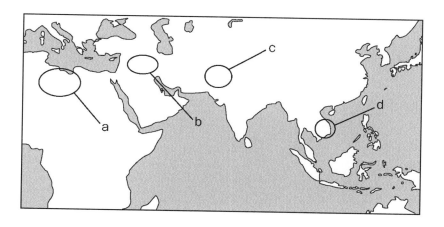

① a

② b

③ c

④ d

問6　レポートを基に判断できる内容**あ・い**と，下線部ⓐの事例として最も適当なものX・Yとの組合せとして正しいものを，後の①～④のうちから一つ選べ。

　　　| 32 |

レポートを基に判断できる内容

あ　米軍の年間死傷者数が 10000 人を超えてから，北爆が開始された。

い　世論調査で反対が賛成を初めて上回った時期より後に，米軍の年間死傷者数がピークに達している。

下線部ⓐの事例

X　黒人差別に反対する公民権運動が起こった。

Y　女性参政権を求める運動が起こった。

① **あ** ― X

② **あ** ― Y

③ **い** ― X

④ **い** ― Y

問7　三つの**レポート**の内容を参考に，**第5問**冒頭の空欄 ┃　ア　┃ に入る主題
として適当なもの**あ・い**と，その主題をさらに追究するための世界史上の出来
事として最も適当なもの**X〜Z**との組合せとして正しいものを，後の①〜⑥の
うちから一つ選べ。┃ 33 ┃

実戦問題

┃　ア　┃に入る主題

あ　世界史上において，反乱や動乱，運動などに関わった人々は，どのような
　　社会を望んだのだろうか

い　世界史上において，君主や統治者は，どのような意図で，様々な改革を行
　　ったのだろうか

主題をさらに追究するための世界史上の出来事

X　フランスとオーストリアが，従来の外交政策を転換した外交革命

Y　秦の始皇帝が行った，度量衡の統一

Z　「独立万歳」を叫ぶ民衆のデモが，朝鮮全土に広がった運動

① 　あ — X
② 　あ — Y
③ 　あ — Z
④ 　い — X
⑤ 　い — Y
⑥ 　い — Z

歴史総合, 世界史探究

問題番号 （配点）	設　問	解答番号	正解	配点	チェック
第1問 （25）	問1	1	⑤	3	
	問2	2	②	3	
	問3	3	③	3	
	問4	4	②・⑥	2	
		5	⑤・①	2*	
	問5	6	④	3	
	問6	7	③	3	
	問7	8	①	3	
	問8	9	②	3	
第2問 （13）	問1	10	①	3	
	問2	11	⑤	3	
	問3	12	④	3	
	問4	13	②	4	
第3問 （15）	問1	14	④	3	
	問2	15	③	3	
	問3	16	④	3	
	問4	17	⑤	3	
	問5	18	②	3	

問題番号 （配点）	設　問	解答番号	正解	配点	チェック
第4問 （25）	問1	19	③	3	
	問2	20	①	3	
	問3	21	③	4	
	問4	22	⑥	3	
	問5	23	④	3	
	問6	24	②	3	
	問7	25	③	3	
	問8	26	②	3	
第5問 （22）	問1	27	①	3	
	問2	28	②	3	
	問3	29	④	3	
	問4	30	①	3	
	問5	31	④	3	
	問6	32	③	3	
	問7	33	③	4	

（注）　＊は，解答番号4で②を解答した場合は
⑤を，⑥を解答した場合は①を正解とし，点
を与える。

自己採点欄
／100点

第1問 —— 世界各地の人々の接触と他者認識（絵・年表・資料・グラフ利用）

A 《19世紀のアジア諸国と欧米諸国の接触》

問1　　1　　正解は⑤

図として適当なもの

「薩摩藩の行列と馬に乗ったイギリス人一行」とあるので，「馬に乗った」人物が描かれている**い**が正解となる。なお，**あ**は桜田門外の変（1860年）の図。

日本の対外関係に関する年表

イギリス人が殺傷された生麦事件（1862年）を機に，その報復として「イギリス艦隊が鹿児島湾に来て，薩摩藩と交戦した」薩英戦争（1863年）が起こっているので，生麦事件の位置は薩英戦争の説明の直前である**b**となる。なお，1825年に制定された異国船打払令は1842年に緩和されている。

問2　　2　　正解は②

生麦事件において「現地の慣習や法律に従わなかったイギリス人の行動」とは，**身分の高い武士に対して平伏しなかった行動**で，これを「正当化しているように見えます」という会話文の言葉に合致する選択肢を選べばよい。

①誤文。「平伏」という日本の慣習に従うことが述べられているので該当しない。

②正文。生麦事件（1862年）当時，安政の五カ国条約（1858年）によってイギリスにも領事裁判権が認められていた。このため記事は「イギリス人は，日本においてもイギリスの法により保護されるべき」としてイギリス人の行動を正当化していると考えられる。

③誤文。「居留地の外に出るべきではない」とするのは，生麦事件で「正当化」される「イギリス人の行動」とは合致しない。

④誤文。1858年の安政の五カ国条約で日本はすでに関税自主権を喪失しているため，関税率については「イギリス人の行動を正当化」する記事とは合致しない。

問3　　3　　正解は③

①不適。ペレストロイカの説明で，ゴルバチョフ政権下のソ連において1986年から進められた。

②不適。「四つの現代化」を目標とした改革・開放政策は，鄧小平の指導下，中華人民共和国において1978年から行われた。

③適切。清でアロー戦争終結期の1860年頃から進められた洋務運動の説明。

④不適。ニューディール政策の説明で，フランクリン=ローズヴェルト大統領下のアメリカ合衆国において恐慌対策として1933年から行われた。

「歴史総合」では日本近現代史が世界史と一体化されて扱われる。近現代史を
学ぶ際には，同時代の日本についても年表を活用し，整理して覚えておきたい。

B 標準 《戦争時のナショナリズムや他者のイメージ》

問4(1) [4] 正解は②又は⑥

三国協商は露仏同盟（1894年），英仏協商（1904年），英露協商（1907年）によって成立した英仏露3国の協力関係。空欄アは②のイギリス，⑥のロシアとなる。

(2) [5] 正解は⑤又は①

(1)で②のイギリスを選択した場合

正解は⑤。チャーティスト運動は男性普通選挙などを求めた労働者の政治運動で，19世紀前半のイギリスにおいて起こった。

(1)で⑥のロシアを選択した場合

正解は①。血の日曜日事件はデモ行進中の民衆に対する軍の発砲事件で，日露戦争中の1905年にロシア（ロマノフ朝）の都ペテルブルクにおいて起こった。

②のサルデーニャ王国による統一は19世紀後半のイタリア，③奴隷解放宣言は19世紀半ばのアメリカ合衆国，④ズデーテン地方割譲は20世紀前半のチェコスロヴァキア，⑥二十一か条の要求は20世紀初めの日本に関連する出来事。

問5 [6] 正解は④

ナショナリズムの現れ方として考えられること

あ． ナショナリズムのうち，国民主義と訳される動きで，同一民族から構成される国民国家を形成する際に現れる。

い． ナショナリズムのうち，民族主義と訳される動きで，列強による植民地支配に対抗し，そこからの解放を目指す際に現れる。

歴史的出来事

X． 幸徳秋水は社会主義者で，インターナショナルな社会主義の立場から非戦論を唱えており，ナショナリズムとは関係しない。

Y． 明治政府は日本を国民国家とするため，北海道のアイヌ人を本土の日本人に同化させようと北海道旧土人保護法を制定した。これは国民主義のあに該当する。

Z． ガンディーはインド民族運動の指導者で，非暴力・不服従運動によってイギリスによる植民地支配からの脱却を目指した。これは民族主義のいに該当する。

C 　標準　《1970 年に開催された日本万国博覧会》

問6　7　正解は③

　　いずれも，「1970 年」当時の状況であるか否かを判断すればよい。

社説が踏まえている当時の日本の状況

あ．不適。第 1 次石油危機（オイル=ショック）の発生は 1973 年。

い．適切。「環境汚染による健康被害」「対策のための基本的な法律」は 1967 年に
　　制定された公害対策基本法。

当時の世界情勢で社説が触れていないこと

X．適切。開発独裁はインドネシアのスハルト政権や大韓民国の朴正熙政権など，
　　工業化（経済発展）に重点を置いた強権政治を指し，1960 年代から登場し，70
　　年代には急速な経済成長を実現した。

Y．不適。「アラブの春」と呼ばれた，チュニジアから発生し，中東のアラブ諸国
　　に広まった民主化運動の説明で，2010 年末〜11 年に起こった。

問7　8　正解は①

イ．「1960 年」は「アフリカの年」と呼ばれ，アフリカで 17 カ国が独立した。

ウ．アフリカの独立国の多くは冷戦期，東西両陣営に属さず，非同盟諸国首脳会議
　　に参加するなど，第三勢力の一員として存在感を国際社会に示した。

問8　9　正解は②

ユメさんのメモ…誤り。日本が中華人民共和国への「援助」を開始するのは，1972
　　年の田中角栄の訪中で中華人民共和国を承認し，国交を正常化して以降である。

テルさんのメモ…正しい。グラフを見ると，日本の東南アジアへの ODA 配分割合
　　は「2010 年」まで最大である。日本はインドネシアなど，太平洋戦争中に日本
　　軍が占領した東南アジアの国々に対し賠償を行っている。

アインさんのメモ…誤り。グラフを見ると，南アジアへの援助は 1990 年まで減少
　　したのち，それ以後は増大しているから，「一貫して減少」と記すメモは誤り。
　　また，2019 年には 31 ％と最大の割合となっていることから，「日本の援助先と
　　しての重要性が，他地域と比べて低下している」も誤りとなる。

第2問 ── 世界史上の都市の探究（地図・図・資料・表利用）

問1 　10　 正解は①

空欄アに入る文

あ． 正文。イスラーム社会は人頭税（ジズヤ）の支払いと引き換えに，非ムスリムを庇護民（ズィンミー，ジンミー）として信仰の維持や一定の自治などを認めた。この非ムスリムへの寛容な扱いはオスマン帝国でも採用された。

空欄イに入る文

X． 正文。メモ1に「住民は，それぞれの宗教施設の近隣に居住していたと考えられる」とあり，図1でギリシア正教の教会やユダヤ教の礼拝所が各地に分散していると読み取れる。

問2 　11　 正解は⑤

空欄ウ・エに当てはまる語句の組合せ

メモ2に「『紫禁城』は，皇帝の宮殿区画」「『韃靼人』は，清を建てた民族」とある。清は満州族（＝韃靼人）の王朝で，「紫禁城」には満州族の皇帝や皇族が居住していた。また，資料で「漢人の区域は，漢人だけが住んでいた」とあるので，紫禁城を含む区域の空欄ウは韃靼人，含まない地域の空欄エは漢人と判断できる。

そのように考える理由

X． 誤文。清は漢人統治にあたって「漢化政策」ではなく，満州族の風習の強制など威圧策を行った。そのため漢人の反発を警戒し，漢人の居住区を満州族の皇帝が住む紫禁城から遠ざけたと考えられる。

Y． 正文。清は資料が記す「韃靼人の軍隊を構成する八つの部隊」である満州八旗という軍事組織を正規軍の中心として重用した。このため，満州八旗を担う韃靼人を皇帝の住む紫禁城の近くに置いたと考えられる。

Z． 誤文。「奴隷軍人」とはマムルークで，イスラーム諸王朝の「軍隊の主力」となり，王朝によっては支配階層となる場合もあった。

問3 　12　 正解は④

あ． 誤文。「英語話者が最も多い地域」が図3に見られる範囲に広がるのは，イギリスが19世紀初めのウィーン会議でオランダからケープ植民地を獲得して以降と考えられる。

い． 正文。アパルトヘイトとは非白人に対する人種隔離政策で，表を見ると，対象となる黒人の0.5％が英語話者であるなど非白人の中にも英語話者が存在する。

う. **誤文**。表では「アフリカーンス語話者のほとんど」は「白人」ではなく「カラード」で，79.6％を占めている。

え. 正文。図3では「英語話者及びアフリカーンス語話者が最も多い地域」と「コーサ語話者が最も多い地域」の分布範囲を比較すると，後者の方が狭い。

問4 13 正解は②

渡辺さんによる分類

　イスタンブルは居住区が宗教・宗派別に分かれていない。北京，ケープタウンは，居住区が前者では民族別に，後者では言語話者別に分けられている。

①誤文。②正文。大連は欧米人と中国人で居住区が分かれているので，大連はいの北京，ケープタウンに分類される。

菊池さんによる分類

　イスタンブルはオスマン帝国の，北京は清の**首都**。ケープタウンはケープ植民地時代にオランダ，ついでイギリスの**国外拠点**となった。

③④誤文。大連は**ロシア**，ついで日露戦争後は**日本**の国外拠点となったので，大連はえのケープタウンに分類される。

> 　新課程では世界各地の出来事や状況を考察する際，共通点や相違点にも注意する。その場合には「いかなる点で比較するか」という比較の基準が重要となる。

第3問 ── 外交や貿易による人の移動と移動ルート（地図・資料利用）

A 標準 《宋の使節がたどった海上航路》

問1 14 正解は④

空欄アに入る都市の名

　高麗の都はいの開城。なお，あの**漢城**は朝鮮王朝（李朝）の，うの**開封**は宋（北宋）の都。

空欄イに入る王朝について述べた文

　大運河が完成した**隋**の説明を選択すればよい。

X. 不適。**一条鞭法**という税制の説明で，明代の16世紀に導入された。

Y. 適切。「試験による人材選抜方式」とは**科挙**で，隋代に「地方に置かれた推薦担当官が人材を推薦する制度」である**九品中正**に代えて新たに導入された。

問2 15 正解は③

　宋は960～1276年，高麗は918～1392年の存続である。「宋と高麗の間の地域」

は中国北方から中国東北部に至る地域を指す。

①誤文。スキタイは**南ロシア**の草原地帯で活動した（前7〜前3世紀）。

②誤文。フラグの率いる遠征軍は**西アジア**へ侵入した（13世紀半ば）。

③正文。「宋と高麗」の並存期，**契丹（キタイ）**が中国北方から中国東北部にかけて勢力を広げた。

④誤文。「宋と高麗」の並存期，西夏は**中国西北部**に所在し，その支配は「宋と高麗の間の地域」に及んでいない。

問3　16　正解は④

①②誤文。資料1に「使者を送る際」「現地の商人の商船を募集」とあるから，使節派遣に①の倭寇（海賊）の船や②の軍船は使っていない。

③誤文。資料1から「福建・両浙」の地域から商人の商船を使節の船として募集したことが読み取れるが，「福建・両浙」は地域であって「都市国家」ではない。なお，都市国家（ポリス）であるアテネの「下層市民」が，ペルシア戦争におけるサラミスの海戦で「軍艦の漕ぎ手」として活躍している。

④正文。宋では民間の海上貿易が奨励された。そのため資料1が示すように朝廷から委託された「福建・両浙の長官」が，海上貿易に従事した商人を資料2が示す「船主・船頭」として雇い，彼らの商船を使節派遣に利用したと推測できる。

B　〔易〕《イングランド商人によるアジア航路の開拓》

問4　17　正解は⑤

Ⅰ…イタリア出身のイエズス会宣教師**マテオ=リッチ**が16世紀末に明代の中国へ来訪し，17世紀初めに中国最初の世界地図「**坤輿万国全図**」を作成した。

Ⅱ…アメリカの探検家ピアリが20世紀初め，北極点の初到達に成功した。

Ⅲ…フィレンツェ出身の天文・地理学者**トスカネリ**が15世紀後半，地球球体説を基に大西洋の西航を主張した。彼の説が**コロンブス**の航海に影響を与えた。

　　以上から，正解は⑤Ⅲ→Ⅰ→Ⅱとなる。

問5　18　正解は②

阻んだ国

　会話文から，イングランドがアジアを目指し始める「15世紀の末」より前，既にあったアジアへのルートは**地中海東岸**経由と**喜望峰**経由の2つ。前者は**イタリア諸都市**や**オスマン帝国**が担い，後者は**ポルトガル**が開拓した。この2つのルートをイングランドが利用しようとする際，それを阻む「既存の諸勢力」は**あ**のポルトガルが該当する。**い**のセルジューク朝は**滅亡が12世紀末**で，時代が対応しない。

地中海東岸を経由する Z ルートと喜望峰へ至る X ルートの利用が阻止されたのだから，イングランド商人が開拓を試みる新ルートは残りの Y ルートとなる。

第4問 ── 世界の諸地域における国家と宗教（資料・写真・絵利用）

A　標準　《ローマ帝国におけるキリスト教徒への対応》

問1　19　正解は③

皇帝の名

「ローマ帝国の最大版図を達成した」のはいの**トラヤヌス帝**（五賢帝の2番目）の時代。なお，あの**アウグストゥス**は初代ローマ皇帝。

資料1から読み取れる皇帝の姿勢

資料1の最後でキリスト教徒の処罰につながる告発状について，皇帝は「署名なしに提出された告発状は…受理されるべきではない」と回答しているから，**X**の「キリスト教徒に対する告発を抑制しようとしている」が皇帝の姿勢とわかる。なお，**Y**はキリスト教徒の大迫害を行った**ディオクレティアヌス帝**の姿勢。

問2　20　正解は①

①正文。「ゾロアスター教・仏教・キリスト教の要素を融合した」のは**マニ教**で，「4世紀末」「当時ローマ帝国内」の北アフリカなどに広まっていた。アウグスティヌスがキリスト教への改宗前，マニ教を信奉していた点を想起したい。

②誤文。16世紀初頭に**ナーナク**が創始した**シク教**はインド北西部に広まった。

③誤文。ボロブドゥール寺院は，8世紀後半から9世紀初頭にシャイレンドラ朝によって造営されたジャワ島中部の**大乗仏教**の寺院。

④誤文。六信五行は7世紀に成立した**イスラーム教徒**の義務。

問3　21　正解は③

「異なる見方」とは，「ローマ帝国による地中海地域の統一」の「終焉」が，あの「**ゲルマン人の大移動**」にあるのか，いの「**イスラームの勢力拡大**」にあるのかという見方である。ローマ帝国は395年に東西に分裂しているので，あは**東西分裂前と後**の，いは**東ローマ帝国**の状況を判断することになる。

あの根拠となり得る出来事

W．不適。 タキトゥスの『**ゲルマニア**』は，ゲルマン人の大移動開始（4世紀後半）以前の1世紀末，ローマ帝国による地中海地域支配（統一）の安定期に著された。

X．適切。 ゲルマン人の大移動の中，オドアケルが476年に西ローマ皇帝を廃位し

て西ローマ帝国を滅亡させたことから, 東西のローマ帝国による地中海地域支配
が崩れ, 統一は終焉を迎えた。

いの根拠となり得る出来事

Y. 適切。イスラーム勢力は, 7世紀にシリア・エジプトを東ローマ帝国から奪い,
711年にイベリア半島の西ゴート王国を滅ぼすなど地中海地域に勢力を拡大した
ことから, 東ローマ帝国の地中海地域支配 (統一) は終焉を迎えた。

Z. 不適。イスラーム勢力がニハーヴァンドの戦い (642年) で破った相手はイラ
ン高原のササン朝。

> 「ローマ帝国による地中海地域の統一」の「終焉」について, 知識の理解だけ
> でなく, 異なる見方とそれぞれの根拠を関連付けるという, 「歴史総合, 世界史
> 探究」の課題の一つをなす, 歴史的な見方が問われている。 POINT

B 　標準　《中国にある仏教石窟》

問4　22　正解は⑥

空欄イに入る文

い. 適切。文成帝が「皇帝を崇拝の対象とするため」「石仏群を造らせた」とある
ので宗教 (仏教) を利用して君主権力を強化したと判断できる。

世界史上の事例

X. 不適。ホメイニ (ホメイニー) は「君主」ではなく, **イスラーム教シーア派の
指導者**。イラン革命で成立した**イラン=イスラーム共和国**の最高指導者となった。

Y. 不適。ウィリアム3世とメアリ2世は, 王権に対する議会の優位を定めた**権利
の章典**を発布しているので「君主権力」の「強化」の事例とはならない。

Z. 適切。インカ帝国では太陽神崇拝が行われ,「君主権力」の「強化」に利用す
るため, インカ皇帝を太陽の化身とした。

問5　23　正解は④

①不適。古代ギリシアで発展した自然哲学の説明。

②不適。1910年代の中華民国で, 胡適や魯迅らが進めた文学革命の説明。

③不適。古代インドのグプタ朝期に発達した自然科学の説明。

④適切。南朝では「対句を駆使する華麗な文体」として四六駢儷体が普及し, また
梁 (南朝3番目の王朝) の**昭明太子**により詩文集『文選』が編纂された。

C　標準　《フランス第三共和政期の国家と宗教》

問6　24　正解は②

　　ナポレオンとローマ教皇が和解した**宗教協約**は 1801 年に結ばれた。

　資料4…「旧教とルター派が以前から行われているので，今後もそのことはこれら
　　の都市（自由都市と帝国都市）において維持されるべき」とは，ルター派を信仰
　　してもよいことを指しており，資料はルター派を公認した**アウクスブルクの宗教
　　和議**（1555 年）である。なお，「アウクスブルク信仰告白」とは，ルター派が根
　　拠とする信仰告白で，1530 年に起草された。

　資料5…「ヴァチカン市国が創出される」から，1929 年にイタリア（ムッソリー
　　ニ政府）と教皇庁の間で結ばれた**ラテラノ（ラテラン）条約**である。

　　以上から年代順は②**資料4→宗教協約→資料5**となる。

問7　25　正解は③

　①不適。スコラ学を大成し『神学大全』を著した~~トマス=アクィナス~~の説明。

　②不適。スーフィズム（イスラーム神秘主義）を理論化した~~ガザーリー~~の説明。

　③適切。『哲学書簡』を著したのはフランスのヴォルテールで，「理性を重んじて古
　　い偏見や権威を打破しようとした」啓蒙思想の代表的思想家の一人である。

　④不適。精神分析学を確立した~~フロイト~~の説明。

問8　26　正解は②

　　「1905 年に定められたフランスの法律」とは~~政教分離法~~。

　①不適。国王至上法（1534 年）は，イングランド国王（政治）を首長とするイギ
　　リス国教会を確立した**政教一致**の法律。

　②適切。トルコ共和国初代大統領ムスタファ=ケマルは近代化の一環として**カリフ
　　制を廃止**し（1924 年），政教分離を実現した。

　③不適。ベンガル分割令（1905 年）は，イギリスが植民地インド統治のために発
　　布した法律で，宗教対立による民族運動の分断を目指した。

　④不適。アルタン=ハンは帰依したチベット仏教をモンゴル人に広げる一方，教主
　　にダライ=ラマの称号を贈るなど関係を強化し，宗教を政治的統合に利用した。

第5問　──　主題学習とその資料探究（資料・表・グラフ・地図利用）

A　標準　《中世ヨーロッパの農民反乱》

問1　27　正解は①

「隷農」とはレポートを読むと，「領主」への「隷属状態」に置かれた農民を指すから，中世ヨーロッパの主な農民である農奴と判断できる。

①正文。農奴は荘園（領主の所有地）内の領主直営地で，週3日程度の労働に従事する賦役（労働地代）を課された。

②誤文。サトウキビ栽培のプランテーションは16〜18世紀の中南米で発達し，主に黒人奴隷が労働力となった。

③誤文。租・調・庸は均田制と結びついた税で，隋・唐代の中国農民に課された。

④誤文。シェアクロッパーは主に解放奴隷の黒人からなる分益小作人で，南北戦争後のアメリカ合衆国南部に出現した。

問2　28　正解は②

農民反乱の名

レポート中の「アダムが耕し，イヴが紡いだ時，誰が領主であったか」はジョン=ボールの言葉。イギリスの農民反乱であるあのワット=タイラーの乱を思想的に指導した。なお，いのプガチョフの乱は18世紀後半に起きたロシアの農民反乱。

空欄ウに入る文

X．不適。ワット=タイラーの乱は封建的支配（人頭税賦課など）に抵抗した農民反乱で，体制変革の革命ではなく，「君主政の廃止」は要求していない。

Y．適切。レポートが「農民反乱の指導者は…隷農身分もなく全て自由人であり，その身分は均一であることを求めた」と記すように，ワット＝タイラーの乱では農奴制などの「身分制度の改変」や人頭税の廃止が要求された。

B　標準　《近代アジアの女性》

問3　29　正解は④

①②不適。①「多くの中国系労働者が，…流入」したなら，言語は中国語に，②「イスラーム教徒が最大多数だった」なら，言語はアラビア語になるはずであるが，カルティニは手紙の中で「ヨーロッパ語の一つで書かれてある」と記している。

③不適。フランス語が「ヨーロッパの宮廷」で「広く用いられていた」のは，絶対主義時代の近世。レポートの当時の近代ヨーロッパは国民国家の時代で，宗主国では自国語を使用しているので「根拠」とはならない。

④適切。ジャワ島はオランダを宗主国とする植民地だったからこそ，カルティニは宗主国オランダの言語で女性の地位向上などを目指す言論活動を行った。

問4　30　正解は①

植民地支配の変化

あ. 正文。レポートは「植民地支配の変化によって，彼女の言論活動が可能になった」と記す。これは宗主国がそれまでの抑圧策を改め，植民地住民の福祉や教育に配慮した政策（倫理政策）へ転換したことの現れと考えられる。

い. 誤文。宗主国は植民地を本国の原料供給地や製品市場と位置づけるから，植民地で重化学工業を発展させるような政策は実施しない。

カルティニが嫌悪感を抱いた背景

X. 正文。カルティニは東洋人が「ヨーロッパ文明になじみつつ」あることを宗主国の人々が「魅力的」と感じていると皮肉に満ちた一節を手紙で書いている。彼女は宗主国の人々が，支配地域の人々にヨーロッパ文明を身につけさせることが文明化であり，責務であると考えている点に嫌悪感を抱いた。

Y. 誤文。宗主国のオランダは資本主義国だから，宗主国の人々が植民地での「社会主義の実現」を認めることも，支持することもありえない。

C 標準 《1960年代のアメリカ合衆国での反戦運動》

問5 31 正解は④

レポートの【まとめ】に「アメリカ合衆国はパリで和平協定を結び…撤退することとなった」とあるので，④dで戦われたベトナム戦争と判断できる。

問6 32 正解は③

レポートを基に判断できる内容

あ. 誤文。グラフで「米軍の年間死傷者数が10000人」を超えたのは1967年で，北爆が開始された1965年よりも後のことである。

い. 正文。表で「世論調査で反対が賛成を初めて上回った」のは1967年10月。その後，グラフの1968年に「米軍の年間死傷者数がピークに達している」。

下線部ⓐの事例

X. 適切。ベトナム反戦運動と連動・呼応する形で，キング牧師を指導者として黒人差別の撤廃を求める公民権運動が起こった。

Y. 不適。アメリカ合衆国では，1920年にすでに女性参政権が実現している。

問7 33 正解は③

空欄アに入る主題

あ. 適切。レポートのAは反乱を起こした農民の要求，Bは植民地支配下での女性の地位向上を目指した言論活動，Cは反戦運動に参加した人々の意見の，政治への影響を取り上げている。これらは人々が望む新たな社会の姿と関わる。

い．**不適**。各レポートでは「君主や統治者」の改革への意図は扱われていない。

主題をさらに追究するための世界史上の出来事

X．Y．不適。外交革命はフランスとオーストリアの同盟で**国際関係上の動向**，秦の始皇帝による度量衡の統一は**中央集権体制の確立**という政治的目的のために実施されており，いずれも人々が望む社会という主題には一致しない。

Z．適切。朝鮮の人々が日本の植民地支配からの独立を求めた三・一運動（1919年）の説明で，人々が望む社会という主題の追究に合致する。

　主題そのものが問われるという点で新しい傾向。これまで見てきた資料から必要な情報を読み取り，大問全体を整理して主題を類推・要約する「推察力」が必要とされる。POINT